첫걸음 일본어(개정판)을 출간하며

현대를 살아가는 모든 사람에게 외국어는 필수 교양이 되었습니다. 외국은 물론 한국 내에서도 외국인을 보는 것이 그다지 낯선 풍경이 아닙니다. 국내외 어디에서든 외국어를 자연스럽게 사용하게 되었습니다.

영어 강화 교육으로 영어는 더 이상 특화된 언어가 아닙니다. 이제 영어는 기본이고 영어 외에 또 다른 외국어를 익혀야 하는 시대가 도래 했습니다. 한편, 과거에서 현대에 이르기까지 일본과 한국은 정치, 경제적 측면에서 매우 밀접한 관계를 가져 왔습니다. 그런데 최근에는 문화적 측면에서의 관심과 교류도 점차 확대되고 있습니다.

이러한 정치, 경제, 문화적 관계상, 일본어는 한국에서 계속적으로 그 필요성이 강조되고 있으며 학습자도 매우 많습니다. 일본어는 한국어와 유사한 점도 많아 다른 외국어에 비해 단기간에 큰 학습 효과를 볼 수 있다는 장점도 있습니다.

책제목에서 알 수 있듯이, 본 교재는 일본어를 전혀 배워 본 경험이 없는 학습자를 대상으로 일본어의 첫걸음을 떼고 제대로 걸을 수 있도록 하기 위해 편찬하였습니다. 일본어 첫걸음으로서 일본어의 문자, 발음부터 시작하여 명사, 형용사, 동사의 기본적인 활용까지 학습할 수 있도록 하였습니다. 본 교재는 다음과 같은 사항에 중점을 두었습니다.

1. 각 과별로 '듣고 읽어 봅시다' '단어' '표현 익히기' '풀어 봅시다' '함께 연습해 봅시다'로 구성해 듣기/읽기, 어휘, 문형/문법, 쓰기, 말하기가 가능하도록 했습니다.
2. 각 과에서 반드시 알아야 할 단어를 게재하여 학습에 용이하게 하였습니다. 각 단어는 한자, 히라가나(또는 가타카나), 의미를 제시하여 사전 없이 각 과를 학습할 수 있도록 하였습니다. 단, 이것은 학습의 편의를 위한 것으로 올바른 외국어 학습을 위해서 사전은 반드시 필요하다는 사실을 강조하고 싶습니다.
3. 문형/문법 설명과 예문 등을 충분히 실어 문법 사항에 대한 이해가 쉽게 하였습니다.

일본어의 첫걸음을 떼고 혼자서 제대로 걸어가려고 노력하는 학습자 여러분의 좋은 도우미 교재가 되기를 바랍니다.

2015. 저자 일동

첫걸음 일본어

목 차

준비하기 | 일본어의 문자와 발음 5

第 1課	はじめまして。	017
第 2課	それは何ですか。	025
第 3課	いくらですか。/ いくつですか。	035
第 4課	授業は何時からですか。	045
第 5課	誕生日のプレゼントを買いました。	057
第 6課	ブサンへ行きませんか。	067
第 7課	若くて元気な人です。	081
第 8課	秋がいちばん好きです。	095
第 9課	ここを教えてくださいませんか。	105
第10課	書類を出さなければなりません。	117
第11課	日本へ行ったことがあります。	127
第12課	運転することができますか。	137
第13課	韓国語が話せますか。	145
第14課	何をもらいましたか。	153
第15課	また、いらっしゃってください。	163

第 준비하기 課

일본어의 문자와 발음

 ## 현대일본어의 문자 사용

현대일본어에서는 한자와 가나(仮名)로 문을 구성하는 한자가나혼합문(漢字仮名まじり文)을 일반적으로 사용하고 있다.

> 例 한자가나혼합문(漢字仮名まじり文)
> 私は学生です。(나는 학생입니다.)

중국에서 유래하는 한자와 달리 가나(仮名)는 일본 고유의 문자인데 한자 자획의 일부를 생략, 단순화한 가타카나(片仮名)와 한자의 초서체에서 유래하는 히라가나(平仮名)로 나누어진다. 과거 한자가타카나혼합문(漢字片仮名まじり文)이 사용된 시기도 있지만 현재는 주로 한자히라가나혼합문(漢字平仮名まじり文)을 사용한다. 가타카나(片仮名)는 외래어, 의성어, 의태어, 고유명사, 전보문, 특별히 강조하는 표현 등에 사용된다.

 ## 문의 문구성

한자가나혼합문(漢字仮名まじり文)에서 한자는 명사, 동사나 형용사의 어간 등의 표기에 사용하고 가나(仮名)는 조사나 조동사의 표기에 사용한다. 한국과 달리 한자의 자체는 신자체를 사용하며 띄어쓰기(分かち書き)를 하지 않는다(위의 예문 참조).

> 例 한국과 일본의 한자체 비교
> 한국   일본
> 國   国
> 者   者
> 學   学

 ## 고쥬온즈(五十音図)

고쥬온즈(五十音図)는 가나를 5자씩 10행으로 배열한 것으로 현행의 고쥬온즈는 청음가나(清音仮名) 46자로 되어있다. 고쥬온즈(五十音図)의 청음가나에 탁음과 반탁음(부록·일본어 가나연습장 참조) 그리고 특수음(장음, 발음, 촉음)이 더해져 일본어의 음절을 이루게 된다.

고쥬온즈(五十音図)에서 같은 모음의 열을 단(段), 같은 자음의 열을 행(行)이라 한다. 단과 행의 개념은 동사의 활용을 이해하는데 필요하기 때문에 반드시 이해해 둘 필요가 있다.

🕊 히라가나(平仮名)의 고쥬온즈(五十音図)

行段	あ	か	さ	た	な	は	ま	や	ら	わ	
あ	あ a	か ka	さ sa	た ta	な na	は ha	ま ma	や ya	ら ra	わ wa	ん n
い	い i	き ki	し shi	ち chi	に ni	ひ hi	み mi		り ri		
う	う u	く ku	す su	つ tsu	ぬ nu	ふ hu	む mu	ゆ yu	る ru		
え	え e	け ke	せ se	て te	ね ne	へ he	め me		れ re		
お	お o	こ ko	そ so	と to	の no	ほ ho	も mo	よ yo	ろ ro	を o	

🕊 가타카나(片仮名)의 고쥬온즈(五十音図)

行段	ア	カ	サ	タ	ナ	ハ	マ	ヤ	ラ	ワ	
ア	ア a	カ ka	サ sa	タ ta	ナ na	ハ ha	マ ma	ヤ ya	ラ ra	ワ wa	ン n
イ	イ i	キ ki	シ shi	チ chi	ニ ni	ヒ hi	ミ mi		リ ri		
ウ	ウ u	ク ku	ス su	ツ tsu	ヌ nu	フ hu	ム mu	ユ yu	ル ru		
エ	エ e	ケ ke	セ se	テ te	ネ ne	ヘ he	メ me		レ re		
オ	オ o	コ ko	ソ so	ト to	ノ no	ホ ho	モ mo	ヨ yo	ロ ro	ヲ o	

탁음(濁音)

	が行	ざ行	だ行	ば行
あ段	が ガ ga	ざ ザ za	だ ダ da	ば バ ba
い段	ぎ ギ gi	じ ジ ji	ぢ ヂ ji	び ビ bi
う段	ぐ グ gu	ず ズ zu	づ ヅ zu	ぶ ブ bu
え段	げ ゲ ge	ぜ ゼ ze	で デ de	べ ベ be
お段	ご ゴ go	ぞ ゾ zo	ど ド do	ぼ ボ bo

반탁음(半濁音)

ぱ行
ぱ パ pa
ぴ ピ pi
ぷ プ pu
ぺ ペ pe
ぽ ポ po

요음(拗音)

きゃ キャ	しゃ シャ	ちゃ チャ	にゃ ニャ	ひゃ ヒャ	みゃ ミャ	りゃ リャ	ぎゃ ギャ	じゃ ジャ	ぢゃ ヂャ	びゃ ビャ	ぴゃ ピャ
kya	sya	cha	nya	hya	mya	rya	gya	ja	ja	bya	pya
きゅ キュ	しゅ シュ	ちゅ チュ	にゅ ニュ	ひゅ ヒュ	みゅ ミュ	りゅ リュ	ぎゅ ギュ	じゅ ジュ	ぢゅ ヂュ	びゅ ビュ	ぴゅ ピュ
kyu	syu	chu	nyu	hyu	myu	ryu	gyu	ju	ju	byu	pyu
きょ キョ	しょ ショ	ちょ チョ	にょ ニョ	ひょ ヒョ	みょ ミョ	りょ リョ	ぎょ ギョ	じょ ジョ	ぢょ ヂョ	びょ ビョ	ぴょ ピョ
kyo	syo	cho	nyo	hyo	myo	ryo	gyo	jo	jo	byo	pyo

4 특수음

4.1 장음(長音)

① あ段의 長音은 「あ」로 表記

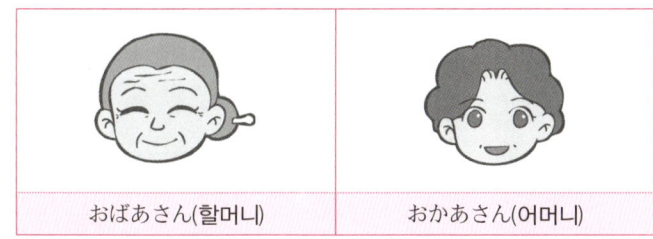

おばあさん(할머니) おかあさん(어머니)

② い段의 長音은 「い」로 表記

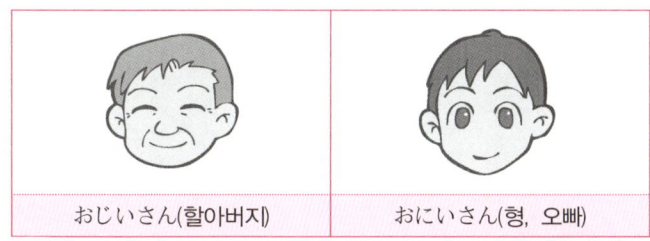

おじいさん(할아버지) おにいさん(형, 오빠)

③ う段의 長音은 「う」로 表記

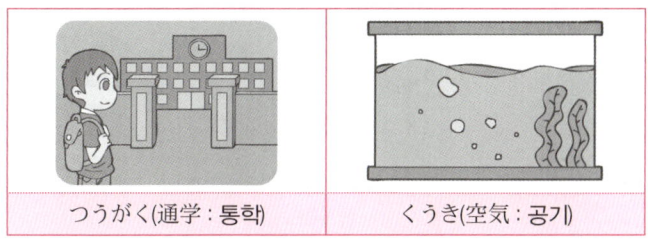

つうがく(通学:통학) くうき(空気:공기)

④ え段의 長音은 「え」 또는 「い」로 表記

おねえさん(누나, 언니) せいじ(政治:정치)

➡ へいわ(平和:평화)
   ええ(예)

⑤ お段의 長音은「お」또는「う」로 表記

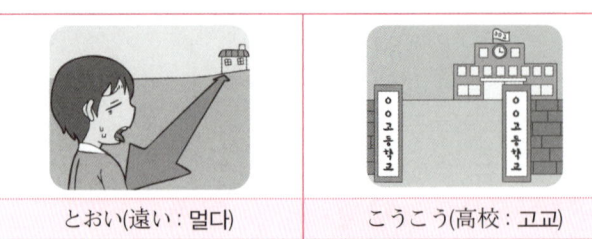

| とおい(遠い : 멀다) | こうこう(高校 : 고교) |

→ もうふ(毛布 : 담요)
　おおきい(大きい : 크다)

⑥ カタカナ의 長音은「ー」로 表記

| スポーツ(스포츠) | タクシー(택시) |

→ ノート(노트)
　スーパー(슈퍼마켓)

4.2 발음(撥音)

① 「ざ、た、だ、な、ら」행 앞에서는 (n)

| かんじ(漢字 : 한자) | あんぜん(安全 : 안전) | かんとく(監督 : 감독) |

→ かんたん(簡単 : 간단)　あんだ(安打 : 안타)　うんどう(運動 : 운동)　あんない(案内 : 안내)
　はんにん(犯人 : 범인)　しんらい(信頼 : 신뢰)　かんり(管理 : 관리)

② 「ば、ぱ、ま」행 앞에서는 (m)

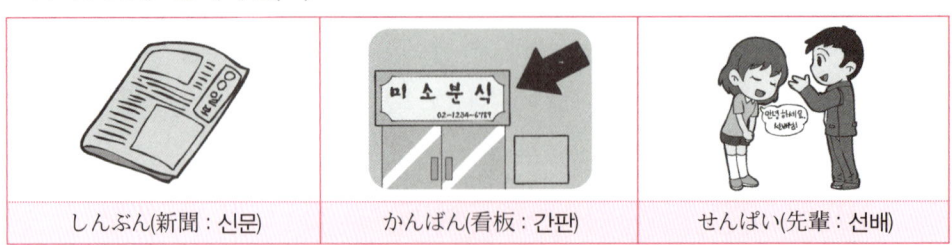

| しんぶん(新聞 : 신문) | かんばん(看板 : 간판) | せんぱい(先輩 : 선배) |

→ さんぽ(散歩 : 산책)　うんめい(運命 : 운명)　あんみん(安眠 : 편안하게 잠들다)

③ 「か、が」행 앞에서는(ŋ)

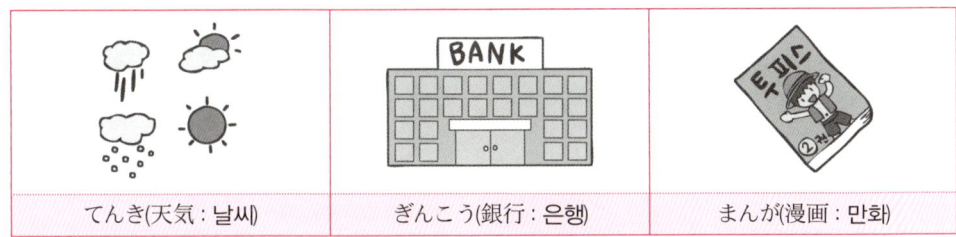

| てんき(天気:날씨) | ぎんこう(銀行:은행) | まんが(漫画:만화) |

➡ ぶんぐ(文具:문구)

④ 「あ、さ、は、や、わ」행 앞에, 또는 마지막에 붙일 때(N)

| れんあい(恋愛:연애) | せんせい(先生:선생) | きねんひ(記念碑:기념비) |

➡ けんやく(倹約:검약)   でんわ(電話:전화)   ほけん(保険:보험)

4.3 촉음(促音)

① 「か」행 앞에서는(k)

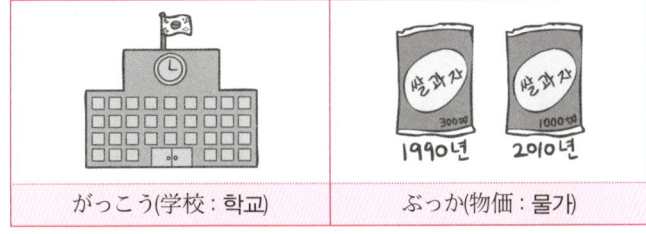

| がっこう(学校:학교) | ぶっか(物価:물가) |

② 「さ」행 앞에서는(s)

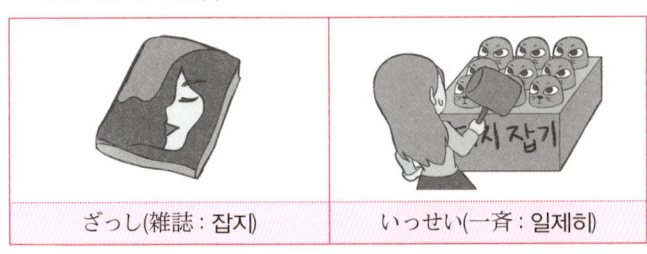

| ざっし(雑誌:잡지) | いっせい(一斉:일제히) |

준비하기 | 일본어의 문자와 발음   11

③ 「た」행 앞에서는(t)

④ 「ぱ」행 앞에서는(p)

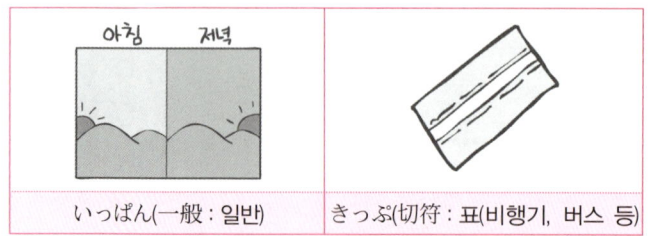

⑤ 外来語를 表記할 경우, 「ザ」행 「ダ」행 등의 앞에서도 사용할 수 있다.

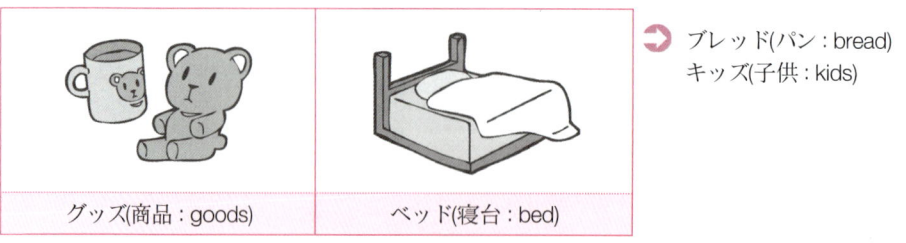

→ ブレッド(パン : bread)
　キッズ(子供 : kids)

5 가타가나(片仮名)

현대는 외래어도 많고, 신문·잡지·뉴스 등, 많은 부분에서 カタカナ가 사용되고 있다.

外国名	アメリカ(미국)	イギリス(영국)	ドイツ(독일)
人 名	オバマ(오바마)	プーチン(푸틴)	エリザベス(엘리자베스)
会社名	ソニー(소니)	サムソン(삼성)	トヨタ(도요타)
都市名	ソウル(서울)	パリ(파리)	ニューヨーク(뉴욕)
擬声語	ブーブー(돼지)	ワンワン(개)	キャーキャー(와글와글)
擬態語	フラフラ(비틀비틀)	ニコニコ(싱글벙글)	
動 物	ゾウ(코끼리)	キリン(기린)	ライオン(사자)
植 物	バラ(장미)	トマト(토마토)	サボテン(선인장)
外来語	ハンバーガー(햄버거) コーヒー(커피)	サッカー(축구) キムチ(김치)	コンピューター(컴퓨터) タバコ(담배)

그밖에, 본래는 ひらがな, 또는 漢字를 사용하는 경우라도 문장 속에서 강조하고 싶을 경우는 カタカナ를 쓰는 경우가 많다.

今、とってもシアワセです。 / ぜひ、ガンバッテください。

6 외래어 표기

① 長音은「ー」

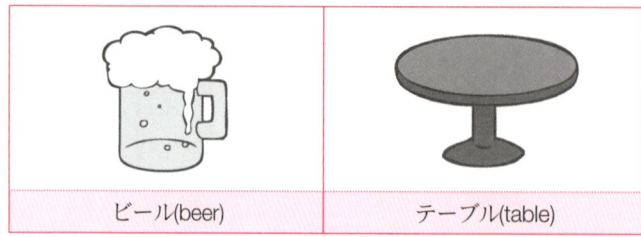

② 「f」는「ファ、フィ、フ、フェ、フォ」

③ 「b」「v」는「バ」행이지만「ヴァ、ヴィ、ヴ、ヴェ、ヴォ」

④ 「wi, we, wo」는「ウィ、ウェ、ウォ」

⑤ 「ti, di」는 「ティ、ディ」

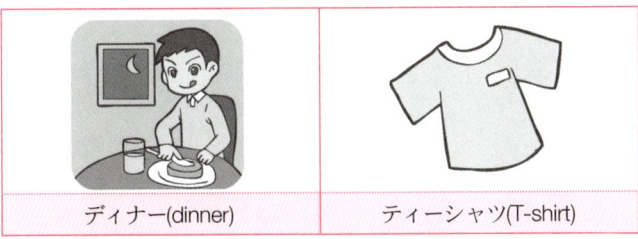

⑥ 「dju, fju」는 「デュ、フュ」

⑦ 「ʃe, tʃe, dʒe」는 「シェ、チェ、ジェ」

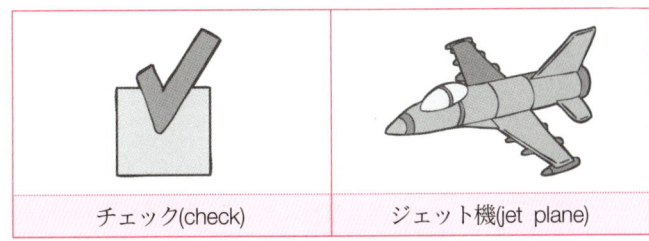

⑧ 「kwe, kwo」는 「クェ、クォ」

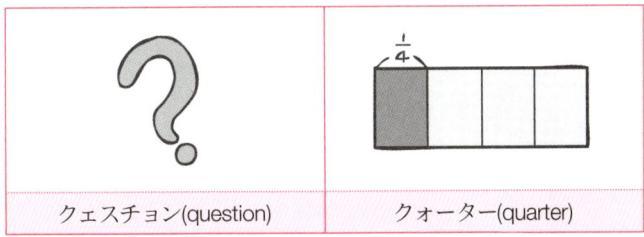

⑨ 「ti, di」는 「チ、ジ」

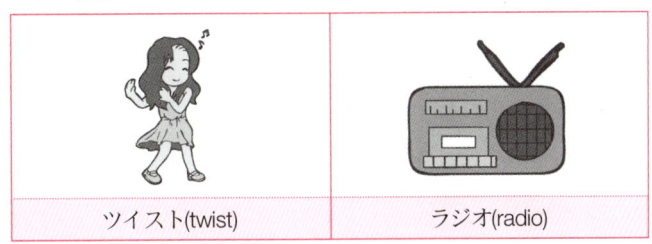

 **기타**

영어의「~er, ar, ur, or」의 부분, 또는 발음이「ei」경우, 그리고「~y」로 끝나는 말은 거의 「ー」로 표기한다.

ドライヤー(drier)　　ポピュラー(popular)　　ハードル(hurdle)

➡ エラー(error)　　デート(date)　　スケート(skate)　　ヒストリー(history)
　ウィスキー(whiskey)

第01課 はじめまして。

🎧 듣고 읽어 봅시다

佐藤　はじめまして。

　　　佐藤と申します。

　　　どうぞよろしくお願いします。

金　　金です。こちらこそ、よろしくお願いします。

　　　こちらは李さんです。

李　　はじめまして。李です。

　　　韓国へようこそ。

佐藤　ありがとうございます。

　　　李さんは学生ですか。

李　　はい、私は慶北大学の学生です。

　　　国語国文学科の二年生です。

　　　佐藤さんは学生ですか。

佐藤　いいえ、私は学生ではありません。

　　　先生です。

단어

佐藤 さとう	사토(일본의 성)
はじめまして	처음 뵙겠습니다
と	～라고
申します もうします	말 합니다
どうぞ	부디
よろしく	잘
お願いします おねがいします	부탁합니다
こちらこそ	저야말로
金 キム	김(한국의 성)
です	～입니다
は	～은/는
李 イ	이(한국의 성)
さん	～씨(존칭 접미사)
韓国 かんこく	한국
へ	～에
ようこそ	잘 오셨습니다(환영 인사)
ありがとうございます	고맙습니다
学生 がくせい	학생
か	～까
はい	네
私 わたし	나(1인칭 대명사)
慶北 キョンブク	경북
大学 だいがく	대학
国語国文 こくごこくぶん	국어국문
学科 がっか	학과
の	～의
二年生 にねんせい	2학년
ではありません	～이/가 아닙니다
先生 せんせい	선생님
あなた	당신(2인칭 대명사)
会社員 かいしゃいん	회사원
英語 えいご	영어
学校 がっこう	학교

단어

新聞	しんぶん	신문
留学生	りゅうがくせい	유학생
彼	かれ	그 (3인칭 대명사, 남성)
大学生	だいがくせい	대학생
彼女	かのじょ	그녀(3인칭 대명사, 여성)
友だち	ともだち	친구
日本人	にほんじん	일본인
韓国人	かんこくじん	한국인
中国人	ちゅうごくじん	중국인

표현 익히기

1 名詞 +は 名詞 +です。(~은 ~입니다. 평서문)

私は佐藤です。
私は会社員です。

2 名詞 +は 名詞 +です+か。(~은 ~입니까? 의문문)

あなたは学生ですか。
あなたは会社員ですか。

> 의문사 だれ(누구), どなた(어느 분), なん(무엇)을 넣어 다음과 같은 의문문을 만들 수 있다.
> あなたはだれですか。

3 名詞+ではありません。(~이/가 아닙니다. 부정문)

私は学生ではありません。
(私は)会社員ではありません。

> 일본어에서 인칭 대명사는 자주 생략한다.

4. 名詞+の+名詞（～의 ~）

일본어에서 명사와 명사 사이에는 격조사「の」를 사용한다.

私の本
英語の先生
学校の新聞

5. 인사말(あいさつのことば)

おはようございます。	안녕하십니까(아침 인사)
こんにちは。	안녕하십니까(낮 인사)
こんばんは。	안녕하십니까(저녁 인사)
さようなら。	안녕히 계십시오. 안녕히 가십시오(헤어질 때)
はじめまして。	처음 뵙겠습니다
よろしくおねがいします。	잘 부탁 드립니다
おやすみなさい。	안녕히 주무세요
ごめんなさい。	미안합니다
すみません。	미안합니다
もうしわけありません。	죄송합니다
しつれいします。	실례합니다
ありがとうございます。	감사합니다
いただきます。	잘 먹겠습니다
ごちそうさまでした。	잘 먹었습니다

 # 풀어 봅시다

1. 보기와 같이 문장을 고치시오.

> 보기
>
> 私 学生
> ➡ 私は学生です。

① 李さん、会社員

➡ _____

② 佐藤さん、留学生

➡ _____

③ あなた 先生

➡ _____

④ 彼 大学生

➡ _____

⑤ 彼女 友だち

➡ _____

2. 보기와 같이 문장을 고치시오.

보기
あなた　会社員
→ A： あなたは会社員ですか。
　 B1： はい、会社員です。
　 B2： いいえ、会社員ではありません。

1 あなた　先生

→ A： _____

　 B1： はい、_____

2 彼　日本人

→ A： _____

　 B2： いいえ、_____

3 彼女　韓国人

→ A： _____

　 B1： はい、_____

4 金さん　中国人

→ A： _____

　 B2： いいえ、_____

함께 연습해 봅시다

1. 자기 전공은 일본어로 어떻게 될까 알아봅시다.

2. 1학년부터 4학년까지 말해 봅시다.

3. 서로 처음 만났을 때를 가정해서 인사해 봅시다.

第02課 それは何ですか。

🎧 듣고 읽어 봅시다

朴　　先生、おはようございます。

先生　　朴さん、おはよう。

朴　　それは何ですか。

先生　　これは日本語の辞書です。

朴　　先生の辞書ですか。

先生　　はい、そうです。わたしの辞書です。

朴　　あの本も先生のですか。

先生　　いいえ、わたしの本ではありません。

朴　　では、だれの本ですか。

先生　　あれは安さんのです。

단어

先生 せんせい	선생님
何 なん	무엇
朴 パク	박(한국인의 성)
日本語 にほんご	일본어
辞書 じしょ	사전
そうです	그렇습니다
本 ほん	책
では	그럼
だれ	누구
安 アン	안(한국인의 성)
田中 タナカ	다나카(일본인의 성)
方 かた	분
どなた	어느 분
お国 おくに	나라(=국적의 의미)
試験 しけん	시험
ノート	노트
の	조사 (의)
ペン	펜
靴 くつ	구두
図書館 としょかん	도서관
トイレ	화장실
机 つくえ	책상
ハンカチ	손수건
時計 とけい	시계
タバコ	담배
新聞 しんぶん	신문

第2課 **それは何ですか。**

표현 익히기

 지시사 (こ, そ, あ, ど)

	物件	+名詞	+名詞	場所	方向	樣態
이	これ(이것)	この(이~)	こんな(이런~)	ここ(여기)	こちら(이쪽)	こう(이렇게)
그	それ(그것)	その(그~)	そんな(그런~)	そこ(거기)	そちら(그쪽)	そう(그렇게)
저	あれ(저것)	あの(저~)	あんな(저런~)	あそこ(저기)	あちら(저쪽)	ああ(저렇게)
어느	どれ(어느것)	どの(어느~)	どんな(어떤~)	どこ(어디)	どちら(어느쪽)	どう(어떻게)

일본어의 지시사(こ, そ, あ, ど)는 근칭(こ~), 대칭(そ~), 원칭(あ~), 부정칭(ど~)으로 나누어 진다.

그리고 지시하는 내용에 대한 질문하는 사람(A)과 답하는 사람(B)의 거리 관계에 따라 다음과 같이 사용된다.

❶ 질문하는 사람(A)와 답하는 사람(B) 모두에게 가까울 경우
❷ 질문하는 사람(A)에게 멀고 답하는 사람(B)에게 가까울 경우
❸ 질문하는 사람(A)에게 가깝고 답하는 사람(B)에게 멀 경우
❹ 질문하는 사람(A)와 답하는 사람(B) 모두에게 멀 경우

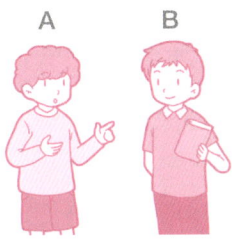
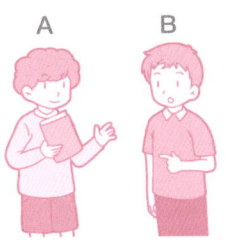
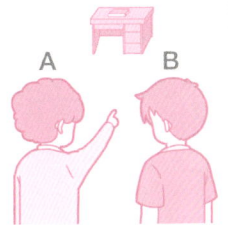

A:これは何ですか
B:これは辞書です

A:これは何の辞書ですか
B:これは日本語の辞書です

A:この辞書はだれのですか
B:この辞書は金さんのです

A:それは何ですか
B:これは辞書です

A:それは何の辞書ですか
B:これは日本語の辞書です

A:その辞書はだれのですか
B:この辞書は金さんのです

A:これは何ですか
B:それは辞書です

A:これは何の辞書ですか
B:それは日本語の辞書です

A:この辞書はだれのですか
B:その辞書は金さんのです

A:あれは何ですか
B:あれは辞書です

A:あれは何の辞書ですか
B:あれは日本語の辞書です

A:あの辞書はだれのですか
B:あの辞書は金さんのです

❶　　　　　❷　　　　　❸　　　　　❹

방향이나 장소를 나타내는 こちら、そちら、あちら、どちら는 사람을 나타낼 경우도 있다.

こちらこそよろしくお願いします。
こちらは田中さんです。

2 指示辭は ＋ 名詞です。(～는/은 ～입니다.)
指示辭は ＋ 名詞/疑問詞ですか。(～는/은 ～입니까?)

それは本です。
それは本ですか。
これは何ですか。

彼は田中さんです。
彼はだれですか。
あの方はどなたですか。

お国はどこ(どちら)ですか。
韓国です。

試験はいつですか。

注) 疑問詞：だれ(누구), どなた(어느 분), どこ(어디,=どちら), 何(무엇), いつ(언제)

 名詞+の+(名詞)です。(~의 ~입니다.)

　명사와 명사 사이에는 조사 の를 사용하지만 소유나 소속을 나타내는「~의 것(名詞)」에 해당하는 名詞는 생략할 수 있다.

これはだれの(ノート)ですか。
それは私の(ノート)です。
これは田中さんの(ノート)ではありません。

~も (~도)

これは私のペンです。これも私のペンです。
私は学生です。金さんも学生です。
これは日本語の本です。あれも日本語の本ですか。
私もあなたも先生も韓国人です。

풀어 봅시다

1. 보기와 같이 문장을 고치시오.

> 보기
>
> これ　本
> ➡ これは本です。

❶ ここ　慶北大学

➡ _____

❷ その本　辞書

➡ _____

❸ それ　靴

➡ _____

❹ あそこ　図書館

➡ _____

❺ こちら　トイレ

➡ _____

2. 괄호에 알맞은 표현을 넣으시오.

 보기

A：(あれは)何ですか。
B：あれは机です。

❶ A：これは何ですか。

B：(　　　)は李さんのハンカチです。

❷ A：それは時計ですか。

B：いいえ、(　　　)は時計ではありません。

❸ A：(　　　)は金さんのタバコですか。

B：いいえ、それは金さんのタバコではありません。

❹ A：これは私の新聞です。

B：あの新聞(　　　)あなたのですか。

A：いいえ、あれは私のではありません。

❺ A：トイレは(　　　)ですか。

B：トイレはあちらです。

함께 연습해 봅시다

1. 서로의 물건을 들어 상대방에게 물어보고 답해 봅시다

2. 장소(화장실, 교실, 건물명)를 물어보는 장면을 가정해 이야기해 봅시다.

第03課 いくらですか。/ いくつですか。

🎧 듣고 읽어 봅시다

李　　すみません。日本語の本はどこですか。

店員　日本語の本はあそこです。

李　　あ、これですね。

　　　いくらですか。

店員　3000円です。

李　　これを一冊ください。

店員　はい、ありがとうございます。

　　　＊＊＊

店員　いらっしゃいませ。

　　　ご注文は。

李　　コーヒーを一つください。

店員　コーヒーはホットですか。アイスですか。

李　　ホットにします。

金　　私はミルクを一つください。

店員　はい、ミルクはアイスでよろしいでしょうか。

단어

店員　てんいん	점원
～ね	(종조사) 동의, 확인 등의 어감을 표현
いくら	얼마
いくつ	몇 개
円　えん	엔(일본돈의 단위)
一冊　いっさつ	한 권
一つ　ひとつ	한 개
下さい　ください	주세요
いらっしゃいませ	어서 오세요(손님을 환영하는 말)
ご	(존칭 접두사) 단어의 앞에 붙어 존경의 어감을 표현
注文　ちゅうもん	주문
コーヒー	커피
を	을/를
ホット (hot)	더운
アイス (ice)	차가운
(名詞)にします	～로 하겠습니다(결정)
ミルク (milk)	밀크
で	～로(써)
いい	좋다
よろしい	좋다(いい)의 공손한 표현
～でしょう	～이겠지요 (です의 추측형)
かしこまりました	알겠습니다 (점원 등 서비스업에서 사용)
あわせて	합쳐서
～になります	～가 됩니다
じゃ	그러면 (では의 회화체)
お預かりしました　おあずかりしました	(돈 얼마를) 받았습니다
お返しします　おかえしします	돌려 드립니다

金	はい、アイスでいいです。
店員	かしこまりました。
	ホットコーヒーが一つ(で)、アイスミルクが一つですね。
	ホットコーヒーが350円、アイスミルクが400円で、あわせて750円になります。
李	じゃ、1000円です。
店員	1000円、お預かりしました。250円、お返しします。
	では、あちらで少々お待ちください。

※ 동사에 대해서는 4과 참조.

단어

少々 しょうしょう	잠시
お待ちください おまちください	기다려 주세요
単位 たんい	단위
ビール	맥주
バラ	장미
ひまわり	해바라기
鉛筆 えんぴつ	연필
紙 かみ	종이
車 くるま	자동차
猫 ねこ	고양이
りんご	사과
お菓子 おかし	과자
ワイン	와인
人 ひと	사람
銀行 ぎんこう	은행
郵便局 ゆうびんきょく	우체국
お風呂 おふろ	목욕탕
20才 はたち	20살

표현 익히기

숫자

0	ゼロ、れい	零		100	ひゃく	百
1	いち	一		200	にひゃく	二百
2	に	二		300	さんびゃく	三百
3	さん	三		400	よんひゃく	四百
4	よん、し	四		500	ごひゃく	五百
5	ご	五		600	ろっぴゃく	六百
6	ろく	六		700	ななひゃく	七百
7	しち、なな	七		800	はっぴゃく	八百
8	はち	八		900	きゅうひゃく	九百
9	きゅう、く	九				
10	じゅう	十		1,000	せん	千
11	じゅういち	十一		2,000	にせん	二千
12	じゅうに	十二		3,000	さんぜん	三千
13	じゅうさん	十三		4,000	よんせん	四千
14	じゅうよん / じゅうし	十四		5,000	ごせん	五千
				6,000	ろくせん	六千
15	じゅうご	十五		7,000	ななせん	七千
16	じゅうろく	十六		8,000	はっせん	八千
17	じゅうしち / じゅうなな	十七		9,000	きゅうせん	九千
18	じゅうはち	十八		10,000	いちまん	一万
19	じゅうきゅう / じゅうく	十九		100,000	じゅうまん	十万
				1,000,000	ひゃくまん	百万
20	にじゅう	二十		10,000,000	いっせんまん	千万
30	さんじゅう	三十		100,000,000	いちおく	一億
40	よんじゅう	四十				
50	ごじゅう	五十		0.62	れいてんろくに	
60	ろくじゅう	六十		1/4	よんぶんのいち	四分の一
70	ななじゅう	七十				
80	はちじゅう	八十				
90	きゅうじゅう	九十				

2 여러 단위

	人	冊	杯	本	台	枚	匹	才	個	
1	ひとり	いっさつ	いっぱい	いっぽん	いちだい	いちまい	いっぴき	いっさい	いっこ	ひとつ
2	ふたり	にさつ	にはい	にほん	にだい	にまい	にひき	にさい	にこ	ふたつ
3	さんにん	さんさつ	さんばい	さんぼん	さんだい	さんまい	さんびき	さんさい	さんこ	みっつ
4	よにん	よんさつ	よんはい	よんほん	よんだい	よんまい	よんひき	よんさい	よんこ	よっつ
5	ごにん	ごさつ	ごはい	ごほん	ごだい	ごまい	ごひき	ごさい	ごこ	いつつ
6	ろくにん	ろくさつ	ろっぱい	ろっぽん	ろくだい	ろくまい	ろっぴき	ろくさい	ろっこ	むっつ
7	しちにん	ななさつ	ななはい	ななほん	ななだい	ななまい	ななひき	ななさい	ななこ	ななつ
8	はちにん	はっさつ	はっぱい	はっぽん	はちだい	はちまい	はっぴき	はっさい	はっこ	やっつ
9	きゅうにん	きゅうさつ	きゅうはい	きゅうほん	きゅうだい	きゅうまい	きゅうひき	きゅうさい	きゅうこ	ここのつ
10	じゅうにん	じゅっさつ	じゅっぱい	じゅっぽん	じゅうだい	じゅうまい	じゅっぴき	じゅっさい	じゅっこ	とお
?	なんにん	なんさつ	なんばい	なんぼん	なんだい	なんまい	なんびき	なんさい	なんこ	いくつ

3 名詞をください(名詞 을/를 주세요)

ビールをください。

コーヒーをください。

수량표현과 함께 다음과 같이 사용할 수 있다. 조사 を(을/를)는 생략 가능하다.

ビール(を)一本ください。

コーヒー(を)いっぱいください。

 いくら 対 いくつ

いくらですか。　얼마입니까? 공손하게는 おいくらですか。라고 한다.
三百円です。　삼백엔입니다.
いくつですか。　몇 개입니까?
三つです。　세 개입니다.
おいくつですか。　몇 살입니까?
19才です。　19세입니다.

❹ ～で

❶ ～로써(도구) (6과 참조)
アイスでいいです。

❷ ～에서(공간) (5과 참조)
あちらで少々おまちください。

❸ ～이고(명사의 접속)
名詞は名詞で、名詞は名詞です。(～는～이고 ～는～입니다)
これはバラです。あれはひまわりです。
⇒ これはバラで、あれはひまわりです。

 # 풀어 봅시다

 1. 보기와 같이 문장을 고치시오.

 보기

> ノート　3冊
> ➡ ノートを3冊ください。

① 鉛筆　5本

➡ _____

② 紙　7枚

➡ _____

③ 車　2台

➡ _____

④ 猫　1匹

➡ _____

⑤ りんご　10個

➡ _____

2. 보기와 같이 문장을 고치시오.

보기

このペン　1800円　三本
→ A：このペンはいくらですか。
　 B：1800円です。
　 A：三本ください。

1 ワイン　10000円　一本

→ A：＿＿＿＿＿＿＿＿＿＿＿＿＿＿
　 B：＿＿＿＿＿＿＿＿＿＿＿＿＿＿
　 A：＿＿＿＿＿＿＿＿＿＿＿＿＿＿

2 お菓子　350円　三つ

→ A：＿＿＿＿＿＿＿＿＿＿＿＿＿＿
　 B：＿＿＿＿＿＿＿＿＿＿＿＿＿＿
　 A：＿＿＿＿＿＿＿＿＿＿＿＿＿＿

3 この本　9600円　五冊

→ A：＿＿＿＿＿＿＿＿＿＿＿＿＿＿
　 B：＿＿＿＿＿＿＿＿＿＿＿＿＿＿
　 A：＿＿＿＿＿＿＿＿＿＿＿＿＿＿

3. 보기와 같이 문장을 고치시오.

보기
私　朴　彼　李
➡ 私は朴で、彼は李です。

1 この人　会社員　あの人　先生

➡ _____

2 ここ　銀行　あそこ　郵便局

➡ _____

3 これ　ビール　あれ　ワイン

➡ _____

4 トイレ　こちら　お風呂　あちら

➡ _____

5 私　20才(はたち)　彼　22才

➡ _____

함께 연습해 봅시다

1. 전화번호를 일본어로 말해 봅시다.

2. 물건의 가격, 자신의 나이를 일본어로 말해 봅시다.

第04課 授業は何時からですか。

🎧 듣고 읽어 봅시다

金　　木村さん、おはようございます。

木村　金さん、おはようございます。

金　　授業は何時からですか。

木村　10時30分です。

　　　金さんはどうですか。

金　　私も10時半からです。

　　　授業は何時までですか。

木村　授業は11時45分までです。

金　　私も11時45分に授業が終わりますが、

　　　休みはいつまでですか。

木村　12時から1時半までです。

金　　では、いっしょにお昼、食べませんか。

木村　はい、そうしましょう。

단어

金　キム	김(한국인의 성)
木村　キムラ	(일본인의 성)
さん	~씨(존칭 접미사)
授業　じゅぎょう	수업
何時　なんじ	몇 시
から	~부터
終わる　おわる	끝나다
休み　やすみ	휴식 시간, 휴일
いつ	언제
では	그러면
いっしょに	함께
お昼　おひる	점심
食べる　たべる	먹다
~ませんか	~지 않겠습니까? (의향을 물을 때)
~ましょう	~합시다
ちょうど	마침 딱, 정각
書く　かく	쓰다
見る　みる	보다
来る　くる	오다
掛る　かかる	걸리다
凍る　こおる	얼다
急ぐ　いそぐ	서두르다
買う　かう	사다
打つ　うつ	치다
作る　つくる	만들다
死ぬ　しぬ	죽다
読む　よむ	읽다
遊ぶ　あそぶ	놀다
話す　はなす	이야기하다
勉強する　べんきょうする	공부하다
運動する　うんどうする	운동하다
起きる　おきる	일어나다
寝る　ねる	자다

단어

行く いく	가다
営業 えいぎょう	영업
休む やすむ	쉬다
駅 えき	역
学校 がっこう	학교
歩く あるく	걷다
郵便局 ゆうびんきょく	우체국
スーパー	슈퍼마켓
居酒屋 いざかや	대중술집
銭湯 せんとう	공중목욕탕
図書館 としょかん	도서관
朝 あさ	아침
働く はたらく	일하다
夜 よる	밤
家 うち、いえ	집
食堂 しょくどう	식당
今 いま	지금
会議 かいぎ	회의

第4課 授業は何時からですか。 47

표현 익히기

1 時間과 分

 午前 ごぜん 오전   午後 ごご 오후

何時 なんじ	
1時	いちじ
2時	にじ
3時	さんじ
4時	よじ
5時	ごじ
6時	ろくじ
7時	しちじ
8時	はちじ
9時	くじ
10時	じゅうじ
11時	じゅういちじ
12時	じゅうにじ

何分 なんぷん	
1分	いっぷん
2分	にふん
3分	さんぷん
4分	よんぷん
5分	ごふん
6分	ろっぷん
7分	ななふん
8分	はっぷん、はちふん
9分	きゅうふん
10分	じっぷん、じゅっぷん
30分	さんじっぷん、さんじゅっぷん
半	はん

何秒 なんびょう	
1秒	いちびょう
2秒	にびょう
3秒	さんびょう
4秒	よんびょう
5秒	ごびょう
6秒	ろくびょう
7秒	ななびょう
8秒	はちびょう
9秒	きゅうびょう
10秒	じゅうびょう

2 何曜日(なんようび)

月曜日 げつようび

火曜日 かようび

水曜日 すいようび

木曜日 もくようび

金曜日 きんようび

土曜日 どようび

日曜日 にちようび

３ ちょうど～時です。(정각～시입니다)

「～時ちょうどです」라고도 한다.

    ちょうど12時です。
    12時ちょうどです。

４ 동사의 3분류

일본어의 동사는 모음/-u/로 끝나는 특징이 있다.

辞書形	ひらがな	
書く	かく	kak<u>u</u>
見る	みる	mir<u>u</u>
食べる	たべる	taber<u>u</u>
来る	くる	kur<u>u</u>

일본어의 동사는 다음과 같이 분류할 수 있다.

Ⅰ류동사　❶ /-ru/로 끝나지 않는 동사

例	辞書形	ひらがな	
	書く	かく	ka<u>ku</u>
	読む	よむ	yo<u>mu</u>
	話す	はなす	hana<u>su</u>

❷ /-ru/로 끝나는 동사 가운데 다음과 같은 동사

例	辞書形	ひらがな	
/-aru/:	掛る	かかる	kak<u>aru</u>
/-uru/:	作る	つくる	tsuk<u>uru</u>
/-oru/:	凍る	こおる	ko<u>oru</u>

| Ⅱ류동사 | /-ru/로 끝나는 동사 가운데 다음과 같은 동사 |

	例	辞書形	ひらがな	
/-iru/:		見る	みる	m<u>iru</u>
/-eru/:		食べる	たべる	tab<u>eru</u>

| Ⅲ류동사 | する、来る(くる) |

5 動詞 ます形을 만드는 방법

분류	辞書形	ます形(~입니다)	ません形(~지 않습니다)
Ⅰ류동사	-u →	-i + **ます**	-i + **ません**
	書く(かく)	書きます	書きません
	急ぐ(いそぐ)	急ぎます	急ぎません
	買う(かう)	買います	買いません
	打つ(うつ)	打ちます	打ちません
	作る(つくる)	作ります	作りません
	死ぬ(しぬ)	死にます	死にません
	読む(よむ)	読みます	読みません
	遊ぶ(あそぶ)	遊びます	遊びません
	話す(はなす)	話します	話しません
Ⅱ류동사	-ru →	-ru(×)+ **ます**	-ru(×) + **ません**
	見る(みる)	見ます	見ません
	食べる(たべる)	食べます	食べません
Ⅱ류동사	する	します	しません
	来る(くる)	きます	きません

例外動詞

入る(はいる, 들어가다), 走る(はしる, 달리다), 知る(しる, 알다), 切る(きる, 자르다), 帰る(かえる, 돌아가다), 蹴る(ける) 등은 Ⅱ류동사의 형태이지만 Ⅰ류동사로 활용하는 예외 동사로 주의해야 한다.

漢語는 する와 결합할 수 있다(활용은 Ⅲ류 する동사와 같다)

勉強する → 勉強します
運動する → 運動します

6　〜時〜分に+動詞(〜시에 〜합니다)

わたしは7時に起きます。
わたしは11時に寝ます。
土曜日(に)行きます。

시간+「に」뒤에는 동사가 와서 '〜시에 〜합니다'라는 것을 나타낸다.
시간에는 조사「に」가 올 수 있는데 요일 뒤에는「に」를 쓰지 않아도 된다.

7　名詞から名詞まで(〜에서/부터 〜까지)

A: 営業は、何時から何時までですか。
B: 9時から5時までです。

月曜日から土曜日まで営業します。
午後12時から1時半まで休みます。
駅から学校まで歩きます。

풀어 봅시다

 1. 보기와 같이 문장을 고치시오.

 보기
> 郵便局　AM9：00〜PM4：00
> ⇒ 郵便局は午前9時から午後4時までです。

❶ スーパー　AM10:00〜PM8:30

　⇒ _____

❷ 居酒屋　PM5:00〜AM2:00

　⇒ _____

❸ 銭湯　PM4:00〜AM12:30

　⇒ _____

❹ 授業　AM9:30〜PM1:30

　⇒ _____

❺ 図書館　AM8:15〜PM6:45

　⇒ _____

2. 괄호 속에 알맞은 조사를 넣으시오.

❶ 月曜日、午前10時(　　　)午後5時(　　　)勉強します。

❷ 朝、6時(　　　)起きます。

❸ 土曜日と日曜日、午前8時30分(　　　)午後4時15分(　　　)働きます。

❹ 夜、11時(　　　)寝ます。

3. 다음 한국어를 일본어로 옮기시오.

❶ 식당은 몇 시부터 몇 시까지입니까?

➡ _____

❷ 지금 몇 시 몇 분입니까?

➡ _____

❸ 월요일부터 금요일까지 일합니다.

➡ _____

❹ 집에서 학교까지 걷습니다.

➡ _____

❺ 수업은 4시까지입니다.

➲ _____

❻ 회의는 10시부터입니다.

➲ _____

함께 연습해 봅시다

1. 자기의 하루 일과에 대해 '私は ～時に ～を ～ます'의 형식을 사용하여 이야기해 봅시다.

2. 일주일의 일정에 대해 '～から' '～まで' 등을 사용하여 서로 말해 봅시다.

豆知識

 日本の祝日

(일요일과 겹치는 경우는, 다음날(月曜日)이 휴일이 됩니다. 이것을 『振り替え休日』라고 합니다).

```
 1月   1日  正月 / 第2月曜日 成人の日     2月  11日  建国記念日
 3月  20(21)日  春分の日                  4月  29日  昭和の日
 5月   3日  憲法記念日 / 4日 みどりの日 / 5日 こどもの日
 7月  第3月曜日  海の日                   9月  第7月曜日 敬老の日 / 23日 秋分の日
10月  第2月曜日  体育の日                11月   3日  文化の日 / 23日 勤労感謝の日
12月  23日  天皇誕生日
```

 日本の主な行事(祝日以外)

```
 2月    3日  節分(炒った大をまく習慣がある) / 14日 バレンタインデー
 3月    3日  ひな祭り(女児の幸福、成長を祈り、人形を飾る)男児は 5月 5日
       14日  ホワイトデー
 4月    1日  新年度開始               5月  第2曜日 母の日
 6月  第3日曜日 父の日                 7月    7日  七夕(たなばた)
 8月   15日  終戦記念日              10月  第3日曜日 孫の日
11月   15日  七五三 (男児は三歳、五歳、女児は三歳、七歳に神社に参詣する)
12月   25日  クリスマス
```

 일본의 입학식은 4月 8日 前後가 일반적이지만, 옛날에는 서양과 같이 9월에 행해졌습니다. 이것은 교사가 될 사람을 가르치는 사람이 당시 서양인이었기 때문이었습니다.

그러나 1886(明治19)년부터 군대가 입대 시기를 9월부터 4월로 변경했기 때문에 학교도 4월에 입학하게 되었습니다.

졸업식은 지역, 학교에 따라서 다르지만 2월부터 3월에 행해집니다.

第05課

誕生日のプレゼントを買いました。

第05課 誕生日のプレゼントを買いました。

🎧 듣고 읽어 봅시다

山口　安さん、きのうはどこへ行きましたか。

安　韓さんといっしょに渋谷のデパートへ行きました。

山口　渋谷のデパートで何をしましたか。

安　もうすぐ友だちの誕生日です。

　　　それで、プレゼントを買いました。

山口　プレゼントは何ですか。

安　財布とベルトを買いました。

山口　韓さんも買いましたか。

安　いいえ、韓さんは買いませんでした。

山口　そうですか。

　　　お友達の誕生日はいつですか。

安　4月3日です。

　　　その日の夜、パーティーをします。

단어

山口 ヤマグチ	야마구치(일본인의 성)
安 アン	안(한국인의 성)
渋谷 しぶや	시부야(일본 동경의 지명)
デパート	백화점
もうすぐ	이제 곧
友達 ともだち	친구
誕生日 たんじょうび	생일
それで	그래서
プレゼント	선물
買う かう	사다
財布 さいふ	지갑
ベルト	벨트
韓 ハン	한(한국인의 성)
いつ	언제
夜 よる	밤
パーティー	파티
卒業式 そつぎょうしき	졸업식
試験 しけん	시험
何月 なんがつ	몇 월
何日 なんにち	며칠
昨日 きのう・さくじつ	어제
CD シーディー	CD
今日 きょう	오늘
明日 あした・みょうにち	내일
年 ねん	년
あさって	모레
映画 えいが	영화
今朝 けさ	오늘 아침
ご飯 ごはん	밥
ゆうべ	어젯밤, 어제 저녁

第5課　誕生日のプレゼントを買いました。 59

표현 익히기

 ~月、~日

1月	2月	3月	4月	5月	6月
いちがつ	にがつ	さんがつ	**しがつ**	ごがつ	ろくがつ

7月	8月	9月	10月	11月	12月	何月
しちがつ	はちがつ	**くがつ**	じゅうがつ	じゅういちがつ	じゅうにがつ	なんがつ

1日	2日	3日	4日	5日
ついたち	**ふつか**	**みっか**	**よっか**	**いつか**
6日	7日	8日	9日	10日
むいか	**なのか**	**ようか**	**ここのか**	**とおか**
11日	12日	13日	14日	15日
じゅういちにち	じゅうににち	じゅうさんにち	**じゅうよっか**	じゅうごにち
16日	17日	18日	19日	20日
じゅうろくにち	じゅうしちにち	じゅうはちにち	**じゅうくにち**	**はつか**
21日	22日	23日	24日	25日
にじゅういちにち	にじゅうににち	にじゅうさんにち	**にじゅうよっか**	にじゅうごにち
26日	27日	28日	29日	30日
にじゅうろくにち	にじゅうしちにち	にじゅうはちにち	**にじゅうくにち**	さんじゅうにち

31日	何日
さんじゅういちにち	なんにち

 時制

おととい	昨日(きのう)	今日(きょう)	明日(あした)	あさって	毎日(まいにち)
おとといの朝	昨日の朝	今朝(けさ)	明日の朝	あさっての朝	毎朝(まいあさ)
おとといの夜	昨夜、ゆうべ	今晩	明日の夜	あさっての夜	毎晩
先々週	先週	今週	来週	さ来週	毎週
先々月	先月	今月	来月	さ来月	毎月(まいつき)
おととし	去年(きょねん)	今年(ことし)	来年	さ来年	毎年(まいとし)

3 動詞 ます形의 活用

분류	辞書形 ~다	ます形 ~입니다	과거 ~었(았)습니다	현재부정 ~지 않습니다	과거부정 ~지 않았습니다
I	-u →	-i+ **ます**	+ **ました**	+ **ません**	+ **ませんでした**
	書く	書きます	書きました	書きません	書きませんでした
	急ぐ	急ぎます	急ぎました	急ぎません	急ぎませんでした
	買う	買います	買いました	買いません	買いませんでした
	打つ	打ちます	打ちました	打ちません	打ちませんでした
	作る	作ります	作りました	作りません	作りませんでした
	死ぬ	死にます	死にました	死にません	死にませんでした
	読む	読みます	読みました	読みません	読みませんでした
	遊ぶ	遊びます	遊びました	遊びません	遊びませんでした
	話す	話します	話しました	話しません	話しませんでした
II	-ru →	-ru(×)+**ます**			
	見る	見ます	見ました	見ません	見ませんでした
	食べる	食べます	食べました	食べません	食べませんでした
III	する	します	しました	しません	しませんでした
	来る	きます	きました	きません	きませんでした

4 時制+動詞

わたしは**きのう**勉強し**ました**。(나는 어제 공부했습니다.)

わたしは**今日**勉強し**ます**。(나는 오늘 공부합니다.)

わたしは**明日**勉強し**ます**。(나는 내일 공부하겠습니다.)

5 時制+動詞의 부정형

わたしは**きのう**勉強し**ませんでした**。(나는 어제 공부하지 않았습니다.)
わたしは**今日**勉強し**ません**。(나는 오늘 공부하지 않습니다.)
わたしは**明日**勉強し**ません**。(나는 내일 공부하지 않(겠)습니다)

6 ～年～月～日です。(～년～월～일입니다.)

今日は2015年4月1日です。(오늘은 2015년 4월 1일입니다.)

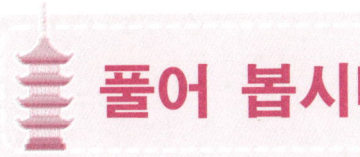 

풀어 봅시다

 1. 보기와 같이 올바른 단어를 선택하시오.

> 보기
> 昨日、勉強を（ します 、 <u>しました</u> ）。

① あした、靴を（買います、買いました）。

② ゆうべは12時に（寝ます、寝ました）。

③ 今朝は、6時に（起きません、起きました）。

④ あさっては10時から3時まで（働きます、働きました）。

 2. 보기와 같이 문장을 고치시오.

> 보기
> 誕生日、いつ、12月25日
> ➲ A. 誕生日はいつですか。
>   B. 12月25日です。

① 卒業式、いつ、2月8日

➲ A. _____
   B. _____

第5과　誕生日のプレゼントを買いました。 63

❷ 試験、何日、14日

　→ A. _____
　　 B. _____

❸ 今日、何月何日、9月20日

　→ A. _____
　　 B. _____

❹ あさって、何日、3日

　→ A. _____
　　 B. _____

3. 다음 물음에 각각 답하시오.

❶ きのう、6時に起きましたか。

　→ はい、_____
　　 いいえ、_____

❷ 今日は、勉強しますか。

　→ はい、_____
　　 いいえ、_____

❸ 明日は学校に行きますか。

　　⇨ はい、_____

　　　　いいえ、_____

4. 다음을 한국어로 고치시오.

❶ 오늘은 학교에 갑니다.

　　⇨ _____

❷ 어제는 친구를 만났습니다.

　　⇨ _____

❸ 내일 영화를 볼 겁니다.

　　⇨ _____

❹ 오늘 아침은 밥을 먹지 않았습니다.

　　⇨ _____

❺ 어젯밤은 무엇을 했습니까?

　　⇨ _____

함께 연습해 봅시다

1. 달력을 보고 서로 몇 월 며칠, 무슨 요일인지 이야기해 봅시다.

2. 어제, 오늘, 내일의 일을 서로 이야기해 봅시다.

第06課 ブサンへ行きませんか。

🎧 듣고 읽어 봅시다

金　明日で研修も終わりますね。

田中　そうですね。
　　　研修の間、いろいろお世話になりました。
　　　ありがとうございました。

金　田中さんはいつお国へ帰りますか。

田中　来週、水曜日に帰ります。

金　来週の月曜日、何かしますか。

田中　何もしません。

金　では、ブサンへ行きませんか。

田中　いいですね。何で行きましょうか。

金　KTXで行きませんか。

田中　はい、そうしましょう。
　　　楽しみですね。

단어

研修　けんしゅう	연수
終わる　おわる	끝나다
帰る　かえる	돌아가다 귀가하다
間　あいだ	-동안
いろいろ	여러 가지
お世話　おせわ	신세
お世話になりました	
おせわになりました	신세를 졌습니다
田中　タナカ	다나카(일본인의 성)
金　キム	김(한국인의 성)
良い　いい	좋다
国　くに	나라
では	그러면
一緒に　いっしょに	함께
釜山　ブサン	(지명) 부산
何で　なにで	무엇으로
楽しみ	즐거움(동사는 楽しむ)
カナダ	캐나다
居る　いる	있다
今　いま	지금
スーパー	슈퍼마켓
牛乳　ぎゅうにゅう	우유
学食　がくしょく	학생식당
試験　しけん	시험
会議　かいぎ	회의
一人で　ひとりで	혼자서
車　くるま	자동차
飛行機　ひこうき	비행기
タクシー	택시
バス	버스
ビール	맥주
飲む　のむ	마시다
酒　さけ	술
いつも	언제나

단어

パン	빵
天気 てんき	날씨
散歩 さんぽ	산책
大邱 デグ	대구(지명)
海 うみ	바다
地下鉄 ちかてつ	지하철
食堂 しょくどう	식당
タバコ	담배
吸う すう	흡입하다, (담배)피우다
喫煙室 きつえんしつ	흡연실
写真 しゃしん	사진
京都 きょうと	교토(경도, 지명)
友だち ともだち	친구
かかる	걸리다(소요되다)
慶洲 キョンジュ	경주(지명)
彼女 かのじょ	그녀
会う あう	만나다
映画館 えいがかん	영화관
焼酎 しょうちゅう	소주
朝ご飯 あさごはん	아침식사
晩ご飯 ばんごはん	저녁식사
聞く きく	듣다
コンビニ	편의점
公園 こうえん	공원
歩く あるく	걷다

第6課　プサンへ行きませんか。

표현 익히기

🌸 1. 조사 「に」의 용법

① 시간 표시

「に」가 붙는 경우

~年に、~月に、~日に、~曜日(に)、~時に

「に」가 붙지 않는 경우

일본어	한국어	일본어	한국어
~ごろ	~경, ~쯤	今(いま)	지금
昔(むかし)	옛날	現在(げんざい)	현재
昨日(きのう)	어제	今日(きょう)	오늘
明日(あした)	내일	先月(せんげつ)	지난달
今月(こんげつ)	이번달	来月(らいげつ)	다음달
去年(きょねん)	작년	今年(ことし)	올해
昨夜(ゆうべ)	어젯밤	今朝(けさ)	오늘 아침
先週(せんしゅう)	지난주	来週(らいしゅう)	다음주
朝(あさ)	아침	夕方(ゆうがた)	저녁(무렵)
夜(よる)	밤	晩(ばん)	밤
毎日(まいにち)	매일	毎朝(まいあさ)	매일 아침
毎週(まいしゅう)	매주	毎月(まいつき、まいげつ)	매월
毎年(まいとし)	매년	最近(さいきん)	최근
いつ	언제		

A: いつカナダへ行きますか。
B: 来年カナダへ行きます。/ 12月にカナダへ行きます。

毎日、5時に帰ります。

❷ 시간 표시

　　学校にいます。　　〈지점〉

2 조사 「へ」의 용법

場所＋ へ (〜에)

あなたは今どこへ行きますか。

今、私は学校へ行きます。〈이동의 방향〉

3 조사 「で」의 용법

❶ **場所 ＋ で** (〜에서) 〈동작이 행해지는 공간〉

　　スーパーで牛乳を買います。

　　私は学食でご飯を食べます。

❷ 한정 표현

　　시간 표현　　17日で試験が終わります。(17일로 시험이 끝납니다.)
　　　　　　　　3時で会議が終わります。(3시로 회의가 끝납니다.)
　　수량 표현　　私は一人で来ました。(나는 혼자서 왔습니다.)

❸ **交通、手段＋で** (교통수단＋을/를 이용해서)

　　「で」는 来る, 行く, 帰る 등 이동동사와 함께 사용하면「〜을/를 이용해서」의 의미를 나타낸다.

車で行きます。
飛行機で来ます。
タクシーで帰ります。
私はバスで学校へ行きます。

단, 도보의 경우는 「歩いて(あるいて)」라 하며 「で」를 사용하지 않는다.

私は歩いて家へ帰ります。

4 疑問詞 ＋ か (불특정)

どこか行きますか。	はい、学校へ行きます。
	いいえ、どこへも行きません。
何かしますか。	はい、勉強します。
	いいえ、何もしません。
いつか行きますか。	はい、あした行きます。
だれか来ますか。	はい、金さんが来ます。
	いいえ、だれも来ません。

5 부정문과 조사

A: 今日は何をしますか。
B: 何もしません。

의문문과 부정응답문에 보이는 조사의 변화

❶ あなたはビールを飲みますか。　　　　　　**を**
　いいえ、わたしはお酒は飲みません。　→　**は**

❷ 金さんと会いますか。　　　　　　　　　　**と**
　いいえ、金さんとは会いません。　　→　**とは**

❸ お昼ごはんは学校で食べますか。　　　　　**で**
　いいえ、私はいつも学校では食べません。　→　**では**

❹ 毎日7時に起きますか。　　　　　　　　　**に**
　いいえ、7時には起きません。　　　→　**には**

❺ 今日、学校へ行きますか。
　いいえ、今日は行きません。　　○　→　**は**
　いいえ、学校へは行きません。　へ　→　**へは**

動詞 + ませんか。(~지 않겠습니까?)

いっしょに行きませんか。
パンを食べませんか。

動詞 + ましょうか。(~할까요?)
「~ませんか」보다 「~ましょうか」가 말하는 사람의 의지가 강하고 적극적인 권유표현이다.

天気がいいですから、一緒に散歩しましょうか。

> ① コーヒー飲みませんか。
> ② コーヒー飲みましょうか。
>
> ①은 상대방에게 커피를 권하는 표현으로 권하는 나는 안 마시는 경우에도 사용할 수 있다. 반면, ②는 상대방에게 커피를 권하지만 자신도 마신다는 '(함께) 마실까요?'하는 표현이다.

> ~ましょう의 보통체
>
> | | | |
> |---|---|---|
> | I류 | -u段 → | -o段+**う** |
> | | 書く | 書こう |
> | | 読む | 読もう |
> | II류 | | ru(×) + **よう** |
> | | 見る | 見よう |
> | | 食べる | 食べよう |
> | III류 | する | しよう |
> | | くる | **こよう** |

풀어 봅시다

1. 보기와 같이 문장을 고치시오.

> 보기
>
> A：いつデグへ来ましたか。(ゆうべ)
> ⮕ B：ゆうべ来ました。

❶ A：いつ学校へ来ましたか。（9時）

⮕ B：＿＿＿＿＿＿＿＿＿＿＿＿＿＿＿＿＿＿＿

❷ A：いつ日本へ帰りますか。（明日）

⮕ B：＿＿＿＿＿＿＿＿＿＿＿＿＿＿＿＿＿＿＿

❸ A：いつカナダへ行きますか。（来年）

⮕ B：＿＿＿＿＿＿＿＿＿＿＿＿＿＿＿＿＿＿＿

❹ A：何曜日に授業がありますか。（水曜日）

⮕ B：＿＿＿＿＿＿＿＿＿＿＿＿＿＿＿＿＿＿＿

2. 괄호에 알맞은 표현을 넣으시오.

보기
私は友達と(いっしょ)に遊びます。

① 来週、海(　　　　)行きます。

② 地下鉄(　　　　)学校へ来ました。

③ A：(　　　　)国へ帰りますか。

　B：来月帰ります。

④ A：きのう(　　　　)帰りましたか。

　B：7時に帰りました。

3. 보기와 같이 문장을 고치시오.

보기
ご飯を食べます。(食堂)
➡ 食堂でご飯を食べます。

① お酒を飲みます。（居酒屋）

➡ _____

❷ タバコを吸います。（喫煙室）

➲ _____

❸ 写真を撮ります。（京都）

➲ _____

4. 밑줄 친 부분에 대해 묻는 질문을 만듭시다.

> 보기
>
> 友だちとコーヒーを飲みます
> ➲ だれとコーヒーを飲みますか。
> 　友だちと何を飲みますか。

❶ バスで30分くらいかかります。

➲ _____
_____

❷ きのう、慶州へ行きました。

➲ _____
_____

❸ うちで朝ご飯を食べます。
　⇨ _____
　　_____

❹ 学校で日本語を勉強します。
　⇨ _____
　　_____

❺ 彼女と映画館へ行きました。
　⇨ _____
　　_____

5. 조사의 쓰임에 유의하며 부정응답문을 만드시오.

보기
今日は何をしますか。
⇨ いいえ、今日は何もしません。

❶ A：焼酎を飲みますか。

　B：いいえ、_____

2 A : 李さんに会いますか。

　　B : いいえ、＿＿＿＿＿＿＿＿＿＿＿＿＿＿＿＿＿

3 A : 晩ご飯は家で食べますか。

　　B : いいえ、＿＿＿＿＿＿＿＿＿＿＿＿＿＿＿＿＿

4 A : 毎日、学校へ行きますか。

　　B : いいえ、＿＿＿＿＿＿＿＿＿＿＿＿＿＿＿＿＿

6. 보기와 같이 문장을 고치시오.

> 보기
>
> CDを聞く。
> ➜ A : CDを聞きませんか。
> 　　B : はい、聞きましょう。

1 ビールを飲む。

➜ A : ＿＿＿＿＿＿＿＿＿＿＿＿＿＿＿＿＿
　　B : ＿＿＿＿＿＿＿＿＿＿＿＿＿＿＿＿＿

2 コンビニでパンを買う。

　→ A : _____

　　 B : _____

3 公園を歩く。

　→ A : _____

　　 B : _____

7. 다음을 일본어로 고치시오.

1 모레 저와 함께 부산에 가지 않겠습니까?

　→ _____

2 지난주 일요일은 어디에 갔습니까?

　→ _____

3 아니요, 지난주 일요일에는 어디에도 가지 않았습니다.

　→ _____

4 버스로 여기에 왔습니다.

　→ _____

함께 연습해 봅시다

1. 부정문을 연습해 봅시다.

2. 「〜ませんか」「〜ましょうか」를 사용해 상대방에게 권유하는 표현을 말해 봅시다.

3. 다음을 「〜ましょう」의 보통체로 말해 봅시다.

　　読む

　　書く

　　話す

　　行く

第07課 若くて元気な人です。

🎧 聞いて読んでみましょう

金　　こんにちは。中田さん。
　　　きのう、高橋先生に会いました。

中田　そうですか。
　　　高橋先生はどんな方でしたか。

金　　とてもやさしい方でした。

中田　それはよかったですね。
　　　金さん、明日、渋谷へ行きませんか。
　　　案内しますよ。

金　　はい、ぜひ行きたいです。

中田　何かほしいものがありますか。

金　　はい、あります。
　　　丈夫なカバンが買いたいです。

中田　ちょうどいいお店があります。

金　　どんな店ですか。

단어

金 キム	(한국인의 성)
中田 ナカタ	(일본인의 성)
高橋 たかはし	(일본인의 성)
どんな	어떤
方 かた	분(존칭)
でした	였습니다(です의 과거형)
とても	매우
やさしい	상냥하다
よかった	좋았다. 다행이다 (よい・いい의 과거형)
ね	~군요(종조사)
渋谷 シブヤ	시부야(지명)
案内 あんない	안내
よ	~요(종조사)
ぜひ	꼭
何か なにか	무언가
ほしい	갖고 싶다
物 もの	물건
が	이/가(조사)
有る ある	있다
カバン	가방
ちょうど	마침, 딱, 정각
お店 おみせ	가게
が	~만(역접조사)
駅 えき	역
から	~에서(조사)
店員 てんいん	점원
若い わかい	젊다
人 ひと	사람
かわいい	귀엽다
外 そと	밖
部屋 へや	방
本 ほん	책
辞書 じしょ	사전

中田　狭いですが、明るい店です。

金　　駅から遠いですか。

中田　いいえ、遠くないです。近いです。

金　　店員さんは、若い人ですか。

中田　はい、若くて元気な人です。

단어

車　くるま	자동차
スーツ	양복
ネックレス	목걸이
結婚　けっこん	결혼
水　みず	물
運転　うんてん	운전
習う　ならう	배우다
山田　やまだ	야마다(일본인의 성)
キムチ	김치
観光地　かんこうち	관광지
東京　トウキョウ	동경(지명)
都市　とし	도시
町　まち	거리, 마을
コーヒー	커피
ホテル	호텔
机　つくえ	책상
髪　かみ	머리카락
カナダ	캐나다(국명)
田中　たなか	(일본인의 성)
運動　うんどう	운동
映画　えいが	영화
メール	메일
送る　おくる	보내다
パソコン	개인용 컴퓨터
時計　とけい	시계
携帯電話　けいたいでんわ	휴대전화
ボールペン	볼펜
花　はな	꽃
白い　しろい	하얗다
彼女　かのじょ	그녀
背が高い　せがたかい	키가 크다
足　あし	다리, 발
靴　くつ	구두
スーパー	슈퍼마켓

第7課　若くて元気な人です。

표현 익히기

形容詞

형용사는 イ形容詞(形容詞)와 ナ形容詞(形容動詞)로 나눌 수 있다.

▍イ形容詞

① 辞書形은 ~い의 형태
   かわいい、やさしい、ちいさい、ながい 등

② 辞書形으로 명사를 수식한다.
   大きいカバンです。

③ 서술어가 될 수 있다.
   私のカバンは大きいです。

④ 부정은 ~くない이다.
   大きい → 大きくない。
   大きいです → 大きくないです。 또는 大きくありません。

▍ナ形容詞

① 辞書形은 ~だ의 형태
   元気だ、好きだ、嫌いだ、きれいだ 등

② ~だ를 ~な로 활용하여 명사를 수식한다.
   親切な人です。

③ 서술어가 될 수 있다.
   あの人は親切です。

④ 부정은 ~ではない이다.
   親切だ → 親切ではない。
   親切です → 親切ではないです。 또는 親切ではありません。

여러 가지 형용사

형용사	히라가나	의미	반대말	히라가나
大きい	おおきい	크다	小さい	ちいさい
多い	おおい	많다	少ない	すくない
新しい	あたらしい	새롭다	古い	ふるい
暑い	あつい	덥다	寒い	さむい
暖かい	あたたかい	따뜻하다	涼しい	すずしい
美味しい	おいしい	맛있다	不味い	まずい
厚い	あつい	두껍다	薄い	うすい
温かい	あたたかい	따뜻하다	温い	ぬるい
明るい	あかるい	밝다	暗い	くらい
熱い	あつい	뜨겁다	冷たい	つめたい
高い	たかい	높다	低い	ひくい
長い	ながい	길다	短い	みじかい
高い	たかい	비싸다	安い	やすい
重い	おもい	무겁다	軽い	かるい
太い	ふとい	굵다	細い	ほそい
忙しい	いそがしい	바쁘다	暇だ	ひまだ
広い	ひろい	넓다	狭い	せまい
速い	はやい	빠르다	遅い	おそい
易しい	やさしい	쉽다	難しい	むずかしい
早い	はやい	이르다	遅い	おそい
強い	つよい	강하다	弱い	よわい
遠い	とおい	멀다	近い	ちかい
良い	いい(よい)	좋다	悪い	わるい
綺麗だ	きれいだ	깨끗하다	汚い	きたない
親切だ	しんせつだ	친절하다	不親切だ	ふしんせつだ
便利だ	べんりだ	편리하다	不便だ	ふべんだ
静かだ	しずかだ	조용하다	煩い	うるさい
好きだ	すきだ	좋아하다	嫌いだ	きらいだ

面白い(おもしろい) 재미있다   可愛い(かわいい) 귀엽다
優しい(やさしい) 상냥하다   悲しい(かなしい) 슬프다
嬉しい(うれしい) 기쁘다   楽しい(たのしい) 즐겁다
懐かしい(なつかしい) 그립다   痛い(いたい) 아프다

제7과 **若くて元気な人です。**

丸い(まるい) 둥글다　　　　四角い(しかくい) 네모랗다
甘い(あまい) 달다　　　　　辛い(からい) 맵다
辛い(つらい) 괴롭다　　　　元気だ(げんきだ) 건강하다
丈夫だ(じょうぶだ) 튼튼하다　有名だ(ゆうめいだ) 유명하다
賑やかだ(にぎやかだ) 번화하다

 形容詞の接続

| イ形容詞의 語幹+くて

やさしい → やさしくて
高い → 高くて
細い → 細くて

| ナ形容詞의 語幹+で

静かだ → 静かで
丈夫だ → 丈夫で
きれいだ → きれいで

ちいさくてかわいい花です。
にぎやかで便利です。
丈夫で軽いカバンです。
軽くて丈夫なカバンです。

 が(역접조사 ~만)

外は寒いですが、部屋は暖かいです。
本は新しいですが、辞書は古いです。

5 名詞 + が ほしいです。(～를/을 갖고 싶습니다)

ほしい는 조사 が와 함께 사용하며 물건을 소유하고 싶다는 마음을 표현한다.

私は車がほしいです。
比較) (私は)車はほしくないです。(=車はほしくありません。)
私はスーツがほしいです。

A: あなたは何がほしいですか。
B: ネックレスがほしいです。

6 が/を + ます形 + たいです / たくないです
(～을/를 ～하고 싶습니다 / ～하고 싶지 않습니다)

たい는 조사 が와 함께 사용하며 어떤 동작을 하고 싶다는 마음을 표현한다.
일반적으로 조사는 が를 사용하지만 조사 を를 사용할 수도 있다.

水が(を)飲みたいです。
運転が(を)習いたいです。

A: 何が飲みたいですか。
B: 何も飲みたくないです。(=何も飲みたくありません。)/ 何でもいいです。

풀어 봅시다

1. 보기와 같이 문장을 고치시오.

> 보기
> 山田さんは先生です。親切です。
> ⇨ 山田さんは親切な先生です。

❶ これはキムチです。 辛いです。

　⇨ _____

❷ キョンジュ（慶州）は観光地です。 有名です。

　⇨ _____

❸ 東京（トウキョウ）は都市です。 大きいです。

　⇨ _____

❹ ここは町です。 便利です。

　⇨ _____

가나쓰기
별책부록

소속 : _____

이름 : _____

1) 가타카나 청음 연습

ア	イ	ウ	エ	オ
ア	イ	ウ	エ	オ
カ	キ	ク	ケ	コ
カ	キ	ク	ケ	コ
サ	シ	ス	セ	ソ
サ	シ	ス	セ	ソ

タ	チ	ツ	テ	ト
タ	チ	ツ	テ	ト

ナ	ニ	ヌ	ネ	ノ
ナ	ニ	ヌ	ネ	ノ

ハ	ヒ	フ	ヘ	ホ
ハ	ヒ	フ	ヘ	ホ

マ	ミ	ム	メ	モ
マ	ミ	ム	メ	モ
ヤ		ユ		ヨ
ヤ		ユ		ヨ
ラ	リ	ル	レ	ロ
ラ	リ	ル	レ	ロ

2. 가타카나

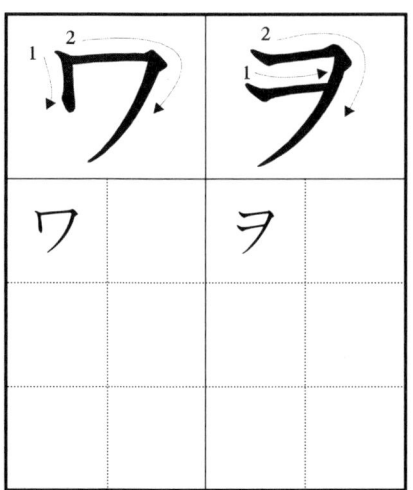
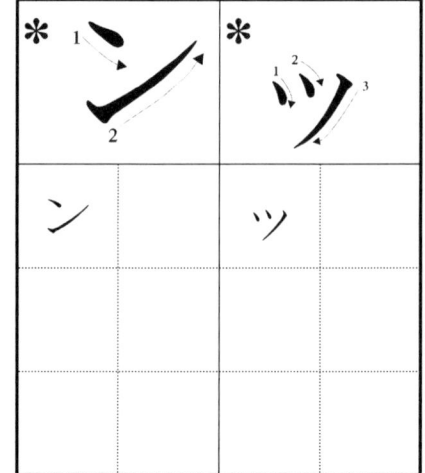

ア	ア										
イ	イ										
ウ	ウ										
エ	エ										
オ	オ										
カ	カ										
キ	キ										
ク	ク										
ケ	ケ										
コ	コ										
サ	サ										
シ	シ										
ス	ス										
セ	セ										
ソ	ソ										

タ	タ									
チ	チ									
ツ	ツ									
テ	テ									
ト	ト									
ナ	ナ									
ニ	ニ									
ヌ	ヌ									
ネ	ネ									
ノ	ノ									
ハ	ハ									
ヒ	ヒ									
フ	フ									
ヘ	ヘ									
ホ	ホ									
マ	マ									
ミ	ミ									
ム	ム									
メ	メ									
モ	モ									
ラ	ラ									
リ	リ									
ル	ル									
レ	レ									
ロ	ロ									

ヤ	ヤ								
ユ	ユ								
ヨ	ヨ								
ワ	ワ								
ヲ	ヲ								
ン	ン								

2) 가타카나 탁음, 반탁음 연습

ガ	ギ	グ	ゲ	ゴ
ガ	ギ	グ	ゲ	ゴ
ザ	ジ	ズ	ゼ	ゾ
ザ	ジ	ズ	ゼ	ゾ

ダ	ヂ	ヅ	デ	ド
ダ	ヂ	ヅ	デ	ド

バ	ビ	ブ	ベ	ボ
バ	ビ	ブ	ベ	ボ

パ	ピ	プ	ペ	ポ
パ	ピ	プ	ペ	ポ

3) 가타카나 요음 연습

キャ	キュ	キョ	シャ	シュ	ショ
キャ	キュ	キョ	シャ	シュ	ショ
チャ	チュ	チョ	ニャ	ニュ	ニョ
チャ	チュ	チョ	ニャ	ニュ	ニョ
ヒャ	ヒュ	ヒョ	ミャ	ミュ	ミョ
ヒャ	ヒュ	ヒョ	ミャ	ミュ	ミョ

リャ	リュ	リョ	ギャ	ギュ	ギョ
リャ	リュ	リョ	ギャ	ギュ	ギョ

ジャ	ジュ	ジョ	ヂャ	ヂュ	ヂョ
ジャ	ジュ	ジョ	ヂャ	ヂュ	ヂョ

ビャ	ビュ	ビョ	ピャ	ピュ	ピョ
ビャ	ビュ	ビョ	ピャ	ピュ	ピョ

단어연습

꽃	はな	はな	はな	はな
	はな	はな	はな	はな
국화	きく	きく	きく	きく
	きく	きく	きく	きく
장미	ばら	ばら	ばら	ばら
	ばら	ばら	ばら	ばら
벚꽃	さくら	さくら	さくら	さくら
	さくら	さくら	さくら	さくら
진달래	つつじ	つつじ	つつじ	つつじ
	つつじ	つつじ	つつじ	つつじ
개나리	れんぎょう	れんぎょう	れんぎょう	れんぎょう
	れんぎょう	れんぎょう	れんぎょう	れんぎょう

개	いぬ	いぬ	いぬ	いぬ
	いぬ	いぬ	いぬ	いぬ
고양이	ねこ	ねこ	ねこ	ねこ
	ねこ	ねこ	ねこ	ねこ
소	うし	うし	うし	うし
	うし	うし	うし	うし
말	うま	うま	うま	うま
	うま	うま	うま	うま
뱀	へび	へび	へび	へび
	へび	へび	へび	へび
새	とり	とり	とり	とり
	とり	とり	とり	とり

봄	はる	はる	はる	はる
	はる	はる	はる	はる
여름	なつ	なつ	なつ	なつ
	なつ	なつ	なつ	なつ
가을	あき	あき	あき	あき
	あき	あき	あき	あき
겨울	ふゆ	ふゆ	ふゆ	ふゆ
	ふゆ	ふゆ	ふゆ	ふゆ
아침	あさ	あさ	あさ	あさ
	あさ	あさ	あさ	あさ
밤	よる	よる	よる	よる
	よる	よる	よる	よる

사과	りんご	りんご	りんご	りんご
	りんご	りんご	りんご	りんご
딸기	いちご	いちご	いちご	いちご
	いちご	いちご	いちご	いちご
수박	すいか	すいか	すいか	すいか
	すいか	すいか	すいか	すいか
귤	みかん	みかん	みかん	みかん
	みかん	みかん	みかん	みかん
바나나	バナナ	バナナ	バナナ	バナナ
	バナナ	バナナ	バナナ	バナナ
메론	メロン	メロン	メロン	メロン
	メロン	メロン	メロン	メロン

바다	うみ	うみ	うみ	うみ
	うみ	うみ	うみ	うみ
산	やま	やま	やま	やま
	やま	やま	やま	やま
바람	かぜ	かぜ	かぜ	かぜ
	かぜ	かぜ	かぜ	かぜ
구름	くも	くも	くも	くも
	くも	くも	くも	くも
비	あめ	あめ	あめ	あめ
	あめ	あめ	あめ	あめ
눈	ゆき	ゆき	ゆき	ゆき
	ゆき	ゆき	ゆき	ゆき

의자	いす	いす	いす	いす
	いす	いす	いす	いす
책상	つくえ	つくえ	つくえ	つくえ
	つくえ	つくえ	つくえ	つくえ
사전	じしょ	じしょ	じしょ	じしょ
	じしょ	じしょ	じしょ	じしょ
잡지	ざっし	ざっし	ざっし	ざっし
	ざっし	ざっし	ざっし	ざっし
학교	がっこう	がっこう	がっこう	がっこう
	がっこう	がっこう	がっこう	がっこう
가방	かばん	かばん	かばん	かばん
	かばん	かばん	かばん	かばん

밥	ごはん	ごはん	ごはん	ごはん
	ごはん	ごはん	ごはん	ごはん
빵	パン	パン	パン	パン
	パン	パン	パン	パン
치즈	チーズ	チーズ	チーズ	チーズ
	チーズ	チーズ	チーズ	チーズ
도너츠	ドーナツ	ドーナツ	ドーナツ	ドーナツ
	ドーナツ	ドーナツ	ドーナツ	ドーナツ
햄버거	ハンバーガー	ハンバーガー	ハンバーガー	ハンバーガー
	ハンバーガー	ハンバーガー	ハンバーガー	ハンバーガー
쵸콜릿	チョコレート	チョコレート	チョコレート	チョコレート
	チョコレート	チョコレート	チョコレート	チョコレート

버스	バス	バス	バス	バス
	バス	バス	バス	バス
택시	タクシー	タクシー	タクシー	タクシー
	タクシー	タクシー	タクシー	タクシー
자전거	じてんしゃ	じてんしゃ	じてんしゃ	じてんしゃ
	じてんしゃ	じてんしゃ	じてんしゃ	じてんしゃ
지하철	ちかてつ	ちかてつ	ちかてつ	ちかてつ
	ちかてつ	ちかてつ	ちかてつ	ちかてつ
배	ふね	ふね	ふね	ふね
	ふね	ふね	ふね	ふね
비행기	ひこうき	ひこうき	ひこうき	ひこうき
	ひこうき	ひこうき	ひこうき	ひこうき

백화점	デパート	デパート	デパート	デパート
	デパート	デパート	デパート	デパート
호텔	ホテル	ホテル	ホテル	ホテル
	ホテル	ホテル	ホテル	ホテル
텔레비전	テレビ	テレビ	テレビ	テレビ
	テレビ	テレビ	テレビ	テレビ
라디오	ラジオ	ラジオ	ラジオ	ラジオ
	ラジオ	ラジオ	ラジオ	ラジオ
컴퓨터	パソコン	パソコン	パソコン	パソコン
	パソコン	パソコン	パソコン	パソコン
프린터	プリンター	プリンター	プリンター	プリンター
	プリンター	プリンター	プリンター	プリンター

미국	アメリカ	アメリカ	アメリカ	アメリカ
	アメリカ	アメリカ	アメリカ	アメリカ
영국	イギリス	イギリス	イギリス	イギリス
	イギリス	イギリス	イギリス	イギリス
프랑스	フランス	フランス	フランス	フランス
	フランス	フランス	フランス	フランス
독일	ドイツ	ドイツ	ドイツ	ドイツ
	ドイツ	ドイツ	ドイツ	ドイツ
캐나다	カナダ	カナダ	カナダ	カナダ
	カナダ	カナダ	カナダ	カナダ
스페인	スペイン	スペイン	スペイン	スペイン
	スペイン	スペイン	スペイン	スペイン

손수건	ハンカチ	ハンカチ	ハンカチ	ハンカチ
	ハンカチ	ハンカチ	ハンカチ	ハンカチ
넥타이	ネクタイ	ネクタイ	ネクタイ	ネクタイ
	ネクタイ	ネクタイ	ネクタイ	ネクタイ
스커트	スカート	スカート	スカート	スカート
	スカート	スカート	スカート	スカート
바지	ズボン	ズボン	ズボン	ズボン
	ズボン	ズボン	ズボン	ズボン
신발	シューズ	シューズ	シューズ	シューズ
	シューズ	シューズ	シューズ	シューズ
샌달	サンダル	サンダル	サンダル	サンダル
	サンダル	サンダル	サンダル	サンダル

はじめまして	처음 뵙겠습니다
はじめまして	はじめまして

こんにちは	안녕하세요?
こんにちは	こんにちは

さようなら	안녕히 가세요
さようなら	さようなら

すみません	미안합니다
すみません	すみません

ありがとうございます	감사합니다
ありがとうございます	ありがとうございます

どういたしまして	천만에요
どういたしまして	どういたしまして

おやすみなさい	안녕히 주무세요
おやすみなさい	おやすみなさい

おねがいします	부탁합니다
おねがいします	おねがいします

2. 보기와 같이 문장을 고치시오.

보기

このコーヒーはおいしいです。
➡ このコーヒーはおいしくないです。

① あのホテルはきれいです。

➡ _____

② この机は丈夫です。

➡ _____

③ あの人は髪がながいです。

➡ _____

④ 私の部屋は狭いです。

➡ _____

3. 보기와 같이 문장을 고치시오.

> 보기
>
> カナダへ行く。
> ➡ カナダへ行きたいです。

① 田中さんに会う。

➡ _____

② 運動をする。

➡ _____

③ 本を読む。

➡ _____

④ 映画を見る。

➡ _____

⑤ メールを送る。

➡ _____

4. 보기와 같이 문장을 고치시오.

보기
A：何がほしいですか。　（パソコン）
➲ B：パソコンがほしいです。

❶ A：何がほしいですか。　（時計）

➲ B：＿＿＿＿＿＿＿＿＿＿＿＿＿＿＿＿＿＿＿＿

❷ A：何がほしいですか。　（携帯電話）

➲ B：＿＿＿＿＿＿＿＿＿＿＿＿＿＿＿＿＿＿＿＿

❸ A：何がほしいですか。　（何も）

➲ B：＿＿＿＿＿＿＿＿＿＿＿＿＿＿＿＿＿＿＿＿

5. 보기와 같이 문장을 고치시오.

 보기

このボールペンは細いです。軽いです。
➲ このボールペンは細くて軽いです。

1 あの花は白いです。 きれいです。

➲ _____

2 彼女は背が高いです。 足が長いです。

➲ _____

3 この靴は、便利です。 丈夫です。

➲ _____

4 このスーパーは安いです。 便利です。

➲ _____

함께 연습해 봅시다

1. 서로의 성격, 특징에 대해 표현해 봅시다.

2. 하고 싶은 것, 갖고 싶은 것에 대해 이야기해 봅시다.

第08課 秋がいちばん好きです。

🎧 듣고 읽어 봅시다

渡辺　昨日は寒かったですね。

安　　はい、とても寒かったですね。
　　　韓国のオンドルが懐かしいです。

渡辺　安さんは夏と冬とどちらが好きですか。

安　　私は冬よりは夏のほうが好きです。
　　　冬はあまり好きではありません。
　　　渡辺さんは季節の中でどの季節がいちばん好きですか。

渡辺　秋がいちばん好きです。

安　　どうしてですか。

渡辺　空も青いですし食べ物がおいしいですから。
　　　安さんは春と夏と秋とではどの季節がいちばん好きですか。

安　　私は花がきれいですから春がいちばん好きです。

단어

渡辺 ワタナベ	와타나베(일본인의 성)
昨日 きのう	어제
ね	~군요(종조사)
安 アン	안(한국인의 성)
はい	네
とても	매우
韓国 かんこく	한국
オンドル	온돌
春 はる	봄
夏 なつ	여름
秋 あき	가을
冬 ふゆ	겨울
より	~보다(조사)
と	~과/와(조사)
どちら	어느쪽
季節 きせつ	계절
中で なかで	~가운데, ~중에
一番 いちばん	가장, 제일
どうして	어째서, 왜
空 そら	하늘
食べ物 たべもの	음식물
カタカナ	가타카나
ひらがな	히라가나
難しい むずかしい	어렵다
昨日 きのう	어제
の方 ~のほう	~이/가(쪽이)
バラ	장미
桜 さくら	벚꽃
クラス	클래스, 반
男性 だんせい	남성
女性 じょせい	여성
多い おおい	많다
りんご	사과
みかん	귤

단어

梨 なし	배
歌 うた	노래
上手だ じょうずだ	잘하다
動物 どうぶつ	동물
タクシー	택시
バス	버스
速い はやい	빠르다
年上 としうえ	연상
人口 じんこう	인구
部屋 へや	방
妹 いもうと	여동생
山田 やまだ	야마다(일본인의 성)
田中 たなか	다나카(일본인의 성)
鈴木 すずき	스즈키(일본인의 성)
だれ	누구
テレビ	텔레비전
番組 ばんぐみ	방송 프로그램
景色 けしき	경치
字 じ	글자
試験 しけん	시험
一昨日 おととい	엊그제
映画 えいが	영화
図書館 としょかん	도서관

第8課 **秋がいちばん好きです。** 97

표현 익히기

❶ 형용사 과거 표현

イ形容詞

寒いです　　→　寒かったです　　→　寒くなかったです
楽しいです　→　楽しかったです　→　楽しくなかったです
暖かいです　→　暖かかったです　→　暖かくなかったです

ナ形容詞

元気です　　→　元気でした　　→　元気では(じゃ)ありませんでした
きれいです　→　きれいでした　→　きれいでは(じゃ)ありませんでした
親切です　　→　親切でした　　→　親切では(じゃ)ありませんでした

❷ A は B より ～ です。(A 는/은 B 보다 ～ 입니다.)

두 개의 것을 비교할 때 사용한다.

　　カタカナはひらがなより難しいです。
　　今日はきのうより暖かいです。

❸ A と B と どちらが ～ ですか。(A 와 B 어느 것이 ～ 입니까?)

　　～ のほうが ～ です。(～ 이/가(쪽이) ～ 입니다.)

　　A：バラと桜とどちらが好きですか。
　　B：バラのほうが好きです。

A: このクラスは、男性と女性とどちらが多いですか。
B: 女性のほうが多いです。

4. A と B と Cと(では) 疑問詞が いちばん～ですか。
（어느 것이 가장 ～ 입니까?）

세 개 이상을 비교해서 질문할 때 사용한다.

A と B と Cと(では) どれが いちばん ～ ですか。

りんごとみかんと梨と(では) どれがいちばん好きですか。
李さんと金さんと朴さんと(では)だれがいちばん歌が上手ですか。

5. ～の中で何がいちばん～ですか。（～가운데 무엇이 가장 ～입니까?）

어느 종류 중에서 비교하여 질문할 때 사용한다.

花の中で何がいちばん好きですか。
動物の中で何がいちばん嫌いですか。

풀어 봅시다

1. 보기와 같이 문장을 고치시오.

 보기

　　タクシー バス 速い
　⇒ タクシーはバスより速いです。
　　バスよりタクシーの方が速いです。

❶ 李さん 金さん 年上

　⇒ _____

❷ 日本 韓国 人口が多い

　⇒ _____

❸ カタカナ ひらがな むずかしい

　⇒ _____

❹ 私の部屋 妹の部屋 広い

➡ _____

_____

2. 괄호에 알맞은 표현을 넣으시오.

보기
山田さんと田中さんと鈴木さんと(だれが)いちばん親切ですか。

❶ テレビ番組の中で(　　　　)いちばんおもしろいですか。

❷ 6月と7月と8月と(　　　　)いちばん暑いですか。

❸ 韓国の中で(　　　　)いちばん景色がいいですか。

❹ このクラスの中で(　　　　)いちばん字がきれいですか。

第8과 **秋がいちばん好きです。** 101

3. 보기와 같이 문장을 고치시오.

 보기

試験はむずかしかったですか。
➲ はい、むずかしかったです。
いいえ、むずかしくなかったです。

① 山田さんは元気でしたか。

➲ _____

② おとといは忙しかったですか。

➲ _____

③ 映画はおもしろかったですか。

➲ _____

④ 図書館は静かでしたか。

➲ _____

함께 연습해 봅시다

1. 두 가지를 비교하는 말을 표현해 봅시다.

2. ナ형용사의 과거형(〜でした), イ형용사의 과거형(〜かったです)을 연습해 봅시다.

豆知識

 インスタントラーメンの歴史

韓国人が大好きなインスタントラーメンですが、これは1958年8月25日、日本人の安藤百福(あんどう ももふく)が、3年の歳月をかけて発明した食べ物です。

初めはどんぶりに、袋から出した麺を入れ、お湯をかけて食べるものでした。

現在の鍋で煮る形式のものは、1962年に開発され、カップラーメンは1971年に発売され、世界中に広まりました。

インスタントラーメンは2003年の1年間、地球上で652億食も食べられている大人気商品です。

ちなみに1人当たり1年に、日本人は43食であるのに対して、韓国人は84食も食べているそうです。

한국인이 무척 좋아하는 인스턴트 라면, 이것은 1958년 8월 25일 일본인 안도 모모후쿠가 3년의 세월에 걸쳐 개발한 음식입니다. 처음에는 봉지에서 꺼낸 면을 사발에 넣어 뜨거운 물을 부어 먹는 식이었습니다. 지금처럼 냄비에 끓여 먹는 라면은 1962년에 개발되었고, 컵라면은 1971년에 발매되어 전 세계로 널리 퍼졌습니다. 인스턴트 라면은 2003년 한 해 동안 지구상에서 652억 개나 소비되는 대인기 상품입니다. 덧붙여서 말하면 1인당 1년에 일본인은 43개를 먹는 것에 비해 한국인은 84개나 먹는다고 합니다.

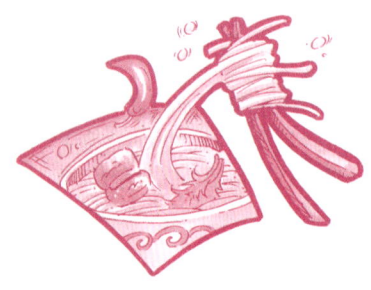

第09課 ここを教えてくださいませんか。

듣고 읽어 봅시다

金　あの、すみません。

田中　はい、何でしょうか。

金　（メモを見せながら）ここを探していますが、

　　道に迷っています。

　　ここを教えてくださいませんか。

田中　あ、そうですか。

　　あそこを見てください。

　　あの建物の二階です。

金　そこの横断歩道を渡って行ってもいいでしょうか。

田中　いいえ、そこの横断歩道を渡ってはいけません。

　　あそこまで私といっしょに行きましょう。

金　あ、どうもすみません。

　　ありがとうございます。

단어

メモ	메모
見せる みせる	보이다
探す さがす	찾다
道に迷う みちにまよう	길을 헤메다
教える おしえる	가르치다
建物 たてもの	건물
二階 にかい	이층
横断歩道 おうだんほどう	횡단보도
渡る わたる	건너다
テレビ	텔레비전
知る しる	알다
結婚する けっこんする	결혼하다
ドア	문
開く あく	열리다, 열다
デグ	대구(지명)
住む すむ	살다
通う かよう	다니다
勤める つとめる	근무하다
毎日 まいにち	매일
野菜 やさい	야채
ちょっと	잠시, 좀
聞く きく	묻다, 듣다
手紙 てがみ	편지
バス停 バスてい	버스정류장
待つ まつ	기다리다
外 そと	밖
部屋 へや	방
音楽 おんがく	음악
雨 あめ	비
降る ふる	내리다
子供 こども	아이
公園 こうえん	공원
教室 きょうしつ	교실
試験 しけん	시험

단어

準備	じゅんび	준비
病院	びょういん	병원
遊び	あそび	놀이
電話をかける	でんわをかける	전화를 걸다
写真	しゃしん	사진
撮る	とる	촬영하다
タクシー		택시
呼ぶ	よぶ	부르다
話し	はなし	이야기
座る	すわる	앉다
ケーキ		케이크
歌	うた	노래
歌う	うたう	노래하다
電気をつける	でんきをつける	전기를 켜다
メール		메일
送る	おくる	보내다
タバコを吸う	タバコをすう	담배를 피우다

第9課　ここを教えてくださいませんか。

표현 익히기

1. 動詞 て形을 만드는 방법

	辞書形	―て形
1類動詞	書く	書いて
	急ぐ	急いで
	死ぬ	死んで
	休む	休んで
	遊ぶ	遊んで
	使う	使って
	持つ	持って
	作る	作って
	話す	話して

	辞書形	―て形
2類動詞	見る	見て
	食べる	食べて
3類動詞	する	して
	来る	来て

例外 行く　行って

2. て形+います。-고 있습니다.(현재진행)

❶ ここを探しています。
❷ 勉強をしています。
❸ テレビを見ています。
❹ ご飯を食べています。

比較1) て形+います。 상태, 결과의 잔존

　일본어 상태, 결과의 잔존을 나타내는 て形은 아래와 같이 다양한 한국어 형식과 대응하기 때문에 주의를 요한다.

❶ それは知っています。그것은 알고 있습니다.
❷ 彼は結婚しています。그는 결혼했습니다.
❸ ドアが開いています。도어가 열려 있습니다.
❹ デグに住んでいます。대구에 삽니다.

比較2) て形＋います。사회적 상황, 신분, 규칙적 행동

❶ 今、大学に通っています。　지금 대학에 다니고 있습니다.(=대학생이다)
❷ 彼は会社に勤めています。　그는 회사에 다니고 있습니다.(=회사원이다)
❸ 毎日、野菜を食べています。매일 야채를 먹고 있습니다.

❸ て形＋ください。-해 주세요 (요구, 명령)

本を読んでください。
これを見てください。

て形＋くださいませんか。-해 주시지 않겠습니까? (정중한 의뢰)

ここを教えてくださいませんか。
これを見てくださいませんか。

❹ て形＋も＋いいですか。- 해도 좋습니까.(허용)

❶ 横断歩道を渡って行ってもいいでしょうか。
❷ ちょっと聞いてもいいですか。

❺ て形＋は＋いけません。-해서는 안 됩니다.(금지)

❶ 横断歩道を渡ってはいけません。
❷ 話してはいけません。

풀어 봅시다

 1. 보기와 같이 문장을 고치시오.

 보기
> 手紙を書く
> ➜ 手紙を書いています。

1 バス停でバスを待つ

   ➜ _____

2 部屋で音楽を聞く

   ➜ _____

3 外は雨が降る

   ➜ _____

4 子供が公園で遊ぶ

   ➜ _____

5 田中さんは教室で教える

   ➜ _____

❻ 試験の準備をする

　➲ _____

❼ 病院に通う

　➲ _____

2. 보기와 같이 문장을 고치시오.

> 보기
>
> 手紙を書く
> ➲ 手紙を書いてください。

❶ 遊びに来る

　➲ _____

❷ 電話をかける

　➲ _____

❸ 写真を撮る

　➲ _____

第9과　**ここを教えてくださいませんか。**

4 日本語で話す

➡ _____

5 タクシーを呼ぶ

➡ _____

6 私の話しを聞く

➡ _____

7 ここに座る

➡ _____

8 急ぐ

➡ _____

3. 보기와 같이 문장을 고치시오.

> 보기
> ➡ A：横断歩道を渡ってもいいですか。
> 　 B：いいえ、渡ってはいけません。

① 家に帰る

　➲ A: _____

　　B: いいえ、_____

② このケーキ、食べる。

　➲ A: _____

　　B: いいえ、_____

③ 友だちと遊ぶ

　➲ A: _____

　　B: いいえ、_____

④ 歌を歌う

　➲ A: _____

　　B: いいえ、_____

⑤ 電気をつける

　➲ A: _____

　　B: いいえ、_____

❻ メールを送る

→ A: _____

　B: いいえ、_____

❼ 電話をかける

→ A: _____

　B: いいえ、_____

❽ たばこを吸う

→ A: _____

　B: いいえ、_____

함께 연습해 봅시다

1. 자신이 규칙적으로 하는 행동을 ~ています로 표현해 봅시다.

2. 짝을 지어 허락을 구하는 표현(~てもいいですか。)과 금지 표현(~てはいけません)을 말해 봅시다.

MEMO

第10課 書類を出さなければなりません。

🎧 듣고 읽어 봅시다

先生 これで、今日の授業は終わります。

　　　 来週、金曜日のテストには欠席しないでください。

李 　 あのー　先生、来週の水曜日に学科の行事があります。

　　　 それに参加しなければならないのですが。

先生 来週の水曜日ですか。

　　　 では、公式行事に関する書類を持ってきてください。

李 　 書類には何を書かなければなりませんか。

先生 行事の内容と李さんの名前、

　　　 それに、学科長の判子と日付です。

李 　 来週の水曜日まで書類を出さなければなりませんか。

단어

これで	이것으로
授業 じゅぎょう	수업
終わる おわる	끝나다
テスト	테스트
欠席 けっせき	결석
李 イ	이(한국인의 성)
学科 がっか	학과
行事 ぎょうじ	행사
有る ある	있다
参加 さんか	참가
が	～만(역접 조사)
では	그러면
公式 こうしき	공식
～に関する ～にかんする	～에 관한
書類 しょるい	서류
持つ もつ	가지다
内容 ないよう	내용
名前 なまえ	이름
それに	게다가(첨가)
学科長 がっかちょう	학과장
判子 はんこ	도장
日付 ひづけ	날짜
出す だす	내다, 제출하다
ただし	단(접속사)
できるだけ	가능한
早い はやい	이르다
芝生 しばふ	잔디밭
入る はいる	들어가다
これから	앞으로, 지금부터
消しゴム けしゴム	지우개
使う つかう	사용하다
軍隊 ぐんたい	군대
試験 しけん	시험
受ける (を)うける	～을 치다

先生 いいえ、来週の水曜日まで出さなくてもいいです。

李 来週の金曜日に出してもいいですか。

先生 はい、そうしてください。
ただし、できるだけ早く書類を出さなければいけませんよ。

단어

受かる (に)うかる	～에 합격하다
バイト	아르바이트(アルバイト의 준말)
心配する しんぱいする	걱정하다
大声 おおごえ	큰소리
なくす	없애다, 잃다
電気 でんき	전기
消す けす	끄다, 지우다
壁 かべ	벽
落書き らくがき	낙서
言う いう	말하다
車 くるま	자동차
止める とめる	멈추다
走る はしる	달리다
レポート	레포트
留学する りゅうがくする	유학하다

표현 익히기

1 ない形

辞書形	ない形
I類 u →	a + **ない**
書く	書かない
急ぐ	急がない
休む	休まない
遊ぶ	遊ばない
死ぬ	死なない
使う	使**わ**ない
作る	作らない
持つ	持たない
話す	話さない
II類	-ru(×) + **ない**
見る	見ない
食べる	食べない
III類 する	しない
来る	来ない(こない)

2 (ない形)＋ないでください。 ～하지 말아 주세요.

芝生に入らないでください。

これからは、電話しないでください。

この消しゴムは、使わないでください。

(ない形)＋なければなりません。~하지 않으면 안 됩니다(해야 합니다)

学生は、勉強しなければなりません。
韓国の男性は、軍隊に行かなければなりません。
試験に受からなければなりません。

비교) (ない形)＋なければいけません。
'~なければなりません'는 의무적인 사항에 주로 사용된다. 이에 대해, '~なければいけません'은 '~하지 않는 것은 바람직하지 않다. 따라서 해야 한다'라는 어감을 표현한다.

書類を出さなければいけません。
試験を受けなければいけません。

 (ない形)＋なくてもいいです。 ~하지 않아도 됩니다.

バイトをしなくてもいいです。
今日は、学校に行かなくてもいいです。
言わなくてもいいです。

풀어 봅시다

1. 보기와 같이 문장을 고치시오.

> 보기
> 心配します。
> ➲ 心配しないでください。

① 大声で話します。

➲ _____

② この書類をなくします。

➲ _____

③ 私の電話を使います。

➲ _____

④ 電気を消します。

➲ _____

⑤ 壁に落書きをします。

➲ _____

6 ここへ来ます。

➡ _____

7 先生に言います。

➡ _____

8 写真を撮ります。

➡ _____

9 車を止めます。

➡ _____

10 病院で走ります。

➡ _____

2. 보기와 같이 문장을 고치시오.

보기

毎日バイトをしなければなりませんか。
➲ はい、しなければなりません。
　いいえ、しなくてもいいです。

① 教室で日本語を話さなければなりませんか。

➲ はい、_____

　いいえ、_____

② 明日も学校へ来なければなりませんか。

➲ はい、_____

　いいえ、_____

③ 月曜日にレポートを出さなければなりませんか。

➲ はい、_____

　いいえ、_____

④ 日本に留学しなければなりませんか。

➲ はい、_____

　いいえ、_____

함께 연습해 봅시다

1. ~なければなりませんか(또는 ~なければいけませんか)를 사용해서 말해 봅시다.

2. ~なくてもいいです를 사용해서 말해 봅시다.

第11課 日本へ行ったことがあります。

🎧 聞いて読んでみましょう

申　朴さん、何を見ていますか。

朴　申さん。海外旅行のパンフレットを見ています。夏休みの間、外国に行きたいですが、どこがいいか調べています。申さんは、外国へ行ったことがありますか。

申　はい、香港と日本へ行ったことがあります。

朴　どうでしたか。

申　香港は、夜景がとてもきれいでよかったです。日本は、交通がたいへん便利でした。朴さんはどうですか。

朴　イギリスへ行ったことがあります。

申　そうですか。私もヨーロッパにはぜひ行ってみたいです。

단어

申 シン	신(한국인의 성)
朴 バク	박(한국인의 성)
海外旅行 かいがいりょこう	해외여행
パンフレット	팜플렛
夏休み なつやすみ	여름방학
間 あいだ	사이에, 동안에
外国 がいこく	외국
か	~을까(불특정)
調べる しらべる	조사하다
香港 ホンコン	홍콩
夜景 やけい	야경
とても	매우
でした	です의 과거형
交通 こうつう	교통
大変 たいへん	대단히
イギリス	영국(국가명)
ヨーロッパ	유럽
ぜひ	꼭 (주로 ~たい와 호응한다)
博物館 はくぶつかん	박물관
など	등
一度 いちど	한번
方 ほう	~ 편
試験 しけん	시험
終わる おわる	끝나다
後に あとに	~ 후에
キムチ	김치
熱 ねつ	열
から	~(이)기 때문에
薬を飲む くすりをのむ	약을 복용하다
映画 えいが	영화
おもしろい	재미있다
(お)風呂 (お)ふろ	목욕탕

朴　有名な博物館などが多いですから、
　　一度は行ってみた方がいいですね。

申　そうですね。試験が終わった後にぜひ行って
　　みたいです。

단어

入る　はいる	들어가다
体　からだ	몸
悪い　わるい	나쁘다
(お)酒　おさけ	술
決める　きめる	결정하다
相談　そうだん	상담
テレビ	텔레비전
宿題　しゅくだい	숙제
友達　ともだち	친구
まで	~까지(조사)
1Km　いちキロメートル	1킬로
泳ぐ　およぐ	헤엄치다
スター	스타
会う　あう	만나다
汚れる　よごれる	더럽다
洗濯　せんたく	세탁
熱い　あつい	뜨겁다
手　て	손
持つ　もつ	가지다, (손으로) 들다
道　みち	길
分かる　わかる	알다
人　ひと	사람
聞く　きく	듣다, 묻다
危ない　あぶない	위험하다
機械　きかい	기계
触る　さわる	만지다
習う　ならう	배우다
嘘をつく　うそをつく	거짓말하다
辞書を引く　じしょをひく	사전을 찾아보다
旅行　りょこう	여행

표현 익히기

た形

	辞書形	た形
Ⅰ類	-u	-ita(-ida)
	書く	書いた
	急ぐ	急いだ
	-u	-nda
	休む	休んだ
	遊ぶ	遊んだ
	死ぬ	死んだ
	-u	-tta
	使う	使った
	作る	作った
	持つ	持った
	-u	-shita
	話す	話した
Ⅱ類	-ru	-ta
	見る	見た
	食べる	食べた
Ⅲ類	する	した
	来る	来た

(た形)＋たことがあります。(～한 적이 있습니다) 과거의 경험

外国へ行ったことがあります。
その本は読んだことがあります。
キムチは食べたことがあります。

 (た形)＋ 方がいいです。(～하는 편이 좋습니다)
(ない形)＋方がいいです。(～하지 않는 편이 좋습니다)

熱がありますから薬を飲んだ方がいいです。
この映画はおもしろいですから見た方がいいです。

熱がありますからお風呂に入らない方がいいです。
体に悪いですからお酒は毎日飲まない方がいいです。

 (た形)＋後に（～한 후）

両親と相談した後に決めます。
宿題を終えた後に遊びます。
友達にメールを送った後にテレビを見ます。

 ## 풀어 봅시다

1. 보기와 같이 문장을 고치시오.

> 보기
> 中国へ行きます。
> ⇨ 中国へ行ったことがあります。
> 中国へ行きません。
> ⇨ 中国へ行ったことがありません。

① 日本の映画を見ます。

⇨ _____

② バイトを休みません。

⇨ _____

③ 家から学校まで歩きます。

⇨ _____

④ 1Km泳ぎません。

⇨ _____

⑤ スターに会います。

⇨ _____

2. 보기와 같이 문장을 고치시오.

 보기

熱がありますから薬を飲みます。
➲ 熱がありますから薬を飲んだ方がいいです。
熱がありますからお風呂に入りません。
➲ 熱がありますからお風呂に入らない方がいいです。

❶ 汚れていますから洗濯をします。

➲ _____

❷ 熱いですから手で持ちません。

➲ _____

❸ 道が分かりませんから人に聞きます。

➲ _____

❹ 危ないですからこの機械に触りません。

➲ _____

3. 다음 한국어를 일본어로 바꾸시오.

❶ 저는 일본어를 배운 적이 없습니다.

➲ _____

❷ 부모님께 거짓말 한 적이 있습니다.

➲ _____

❸ 거짓말 하지 않는 것이 좋습니다.

➲ _____

❹ 잘 모르기 때문에 사전을 찾아보는 편이 좋습니다.

➲ _____

❺ 시험이 끝난 후에 영화를 봅니다.

➲ _____

함께 연습해 봅시다

1. [〜たことがあります。]라는 표현을 써서 자신의 경험에 대해 이야기해 봅시다.

2. [〜たほうがいいです。]라는 표현을 써서 조언하는 표현을 말해봅시다.

豆知識

 **健康ランド**

韓国の沐浴湯(モギョクタン)は、日本の銭湯と同じですが、韓国のチムジルバンは日本では「健康ランド」と呼ばれ、韓国同様人気があります。

銭湯は普通、午後3、4時ごろから始まり、夜中12時ぐらいまで営業します。ただ体を洗って、お湯に浸るだけのところで、料金も200円～400円くらいです。

健康ランドは24時間営業のところが多く、サウナ、仮眠室、レストラン、カラオケ、ゲームコーナー、マッサージ、あかすり、ビデオ視聴などがあり、一日中楽しむことができます。風呂の種類も多く、なかには露天風呂までついているところもあって、わざわざ温泉地まで行かなくても温泉気分が味わえます。料金は2000円～2800円と少々高めです。健康ランドは刺青(いれずみ)禁止の所が多いので、刺青をしている人は残念ですが入れません。

한국의 목욕탕은 일본의 센토와 같은 것이지만, 한국의 찜질방은 일본에서는 「겐코란도」라 불리며 한국과 마찬가지로 인기가 있습니다.

센토는 보통, 오후3시나 4시경에 시작되어 밤12시 정도까지 영업합니다. 단지 몸을 씻고 뜨거운 물에 몸을 담그는 것으로 요금도 200엔에서 400엔 정도입니다.

겐코란도는 24시간 영업하는 곳이 많고 사우나, 가면실, 레스토랑, 노래방, 게임코너, 마사지, 때밀이, 비디오 관람 등이 있어, 하루종일 즐겁게 지낼 수 있습니다.

탕의 종류도 많아서 그 중에는 노천탕도 있는 곳도 있어, 일부러 온천지까지 가지 않아도 온천기분을 낼 수 있습니다. 요금은 2,000엔에서 2,800엔으로 조금 비싼 편입니다. 겐코란도는 문신 금지 장소가 많기 때문에 문신을 한 사람은 유감이지만 들어갈 수 없습니다.

第12課 運転することができますか。

🎧 듣고 읽어 봅시다

張　松田さん。おはようございます。

　　いい車ですね。松田さんの車ですか。

松田　あ、張さん。おはようございます。

　　これは父のです。

　　張さんが韓国に帰る前に、一緒に箱根までドライブしたいと思いまして。

張　わざわざありがとうございます。

　　私も箱根にはぜひ行ってみたかったんです。

松田　よかった。

　　じゃ、車に乗ってください。

단어

松田 マツダ	마쓰다(사람이름)
張 ジャン	쟝(한국인의 성)
車 くるま	자동차
父 ちち	아버지
帰る かえる	돌아가다
前 まえ	전, 앞
一緒に いっしょに	함께
箱根 ハコネ	하코네(일본 지명)
ドライブ	드라이브
思う おもう	생각하다
わざわざ	(호의를 가지고)일부러
ぜひ	꼭
よかった	다행이다
乗る のる	타다
免許を取る めんきょをとる	면허를 취득하다
高校 こうこう	고등학교
卒業する そつぎょうする	졸업하다
入学する にゅうがくする	입학하다
後に あとに	～뒤에
運転する うんてんする	운전하다
出来る できる	할 수 있다
バイク	오토바이
泳ぐ およぐ	헤엄치다
水泳 すいえい	수영
料理 りょうり	요리
ピアノを弾く ピアノをひく	피아노를 치다
家 いえ、うち	가정, 집
出る でる	나오다
ガス	가스
確認 かくにん	확인
食事 しょくじ	식사
手 て	손

* * *

張　松田さんは、いつ免許をとりましたか。

松田　高校を卒業した後に、大学に入学する前にとりました。

張さんは、運転することができますか。

張　いいえ、車を運転することはできません。

バイクには乗ることができますが。

大学を卒業する前にはぜひ免許を取りたいですね。

단어

洗う　あらう	씻다
留学　りゅうがく	유학
漢字　かんじ	한자
100m　ひゃくメートル	100미터
寝る　ねる	자다
電気　でんき	전기
消す　けす	끄다
ドア	도어(문)
ノック	노크
始める　はじめる	시작하다
あいさつ	인사
能力試験　のうりょくしけん	능력시험
受ける　うける	(시험을) 치다
恋人　こいびと	사랑하는 사람
会う　あう	만나다
鏡　かがみ	거울

第12과　**運転することができますか。**

표현 익히기

1 (辞書形)+ことができる/ 名詞+(が)+できる（〜할 수 있다）

泳ぐことができます。　　　　　水泳(が)できます。
料理を作ることができます。　　料理(が)できます。
運転することができます。　　　運転(が)できます。

A: あなたは運転できますか。
B: はい、(運転)できます。
　　いいえ、(運転)できません。

A: あなたはピアノを弾くことができますか。
B: はい、(弾くことが)できます。
　　いいえ、(弾くことが)できません。

2 (辞書形)+前に/名詞+の前に/数量詞(期間)+前に

비교) 〜た + 後に 〜한　후에 (11과)

決める前に両親と相談します
遊ぶ前に宿題を終えます
テレビを見る前に友達にメールを送ります。
家を出る前にガスの確認をします。＝ ガスの確認をした後に家を出ます。
食事の前に手を洗ってください。　＝ 手を洗った後に食事をします。

弟は二日前に留学しました。≠ 弟は二日後に留学します。

> 답 위의 두 예문과는 달리 수량사가 오면 기준일로부터 2일전, 2일후가 되어 같은 날을 가리키지 않게 된다.

140　첫걸음 일본어

 # 풀어 봅시다

1. 보기와 같이 문장을 고치시오.

> 보기
> 日本語を話す（はい）
> ⇒ 日本語を話すことができます。
> 漢字を書く（いいえ）
> ⇒ 漢字を書くことができません。

❶ 100m泳ぐ

　⇒ (はい) _____

　　(いいえ) _____

❷ 一人で行く

　⇒ (はい) _____

　　(いいえ) _____

❸ 日本語で手紙を書く

　⇒ (はい) _____

　　(いいえ) _____

第12과　運転することができますか。

4 お酒を飲む

　↪ (はい) _____

　　(いいえ) _____

5 日本料理を作る

　↪ (はい) _____

　　(いいえ) _____

2. 보기와 같이 문장을 고치시오.

> 보기
> 寝ます。(その前に) 電気を消します。
> ↪ 寝る前に、電気を消します。
> 電気を消します。(その後に) 寝ます。
> ↪ 電気を消した後に寝ます。

1 部屋に入ります。（その前に）ドアをノックしてください。

　↪ _____

ドアをノックします。（その後に）部屋に入ってください。

　↪ _____

❷ 授業を始めます。（その前に）あいさつをします。

　⮕ _____

　あいさつをします。（その後に）授業を始めます。

　⮕ _____

❸ 日本へ行きます。（その前に）能力試験を受けます。

　⮕ _____

　能力試験を受けます。（その後に）日本へ行きます。

　⮕ _____

❹ 恋人に会います。（その前に）鏡を見ます。

　⮕ _____

　鏡を見ます。（その後に）恋人に会います。

　⮕ _____

❺ 試験を受けます。（その前に）勉強をします。

　⮕ _____

　勉強をします。（その後に）試験を受けます。

　⮕ _____

함께 연습해 봅시다

1. 자신이 할 수 있는 일을 '私は (   ) ことができます'와 같이 말해 봅시다.

2. 오늘의 일정에 대해 後に、前に를 사용해 말해 봅시다.

第 13 課 韓国語が話せますか。

🎧 듣고 읽어 봅시다

李 　和田さん。

　　　どこへ行きますか。

和田　李さん。語学教育院へ行きます。

李 　そこで何か習っていますか。

和田　はい、韓国語を習っています。

李 　和田さんは、韓国語がぜんぜん話せませんか。

和田　少しだけ話せますが、まだ聞き取ることができません。

李 　ハングルは書けますか。

和田　いいえ、難しくて書けません。

李 　読むことはどうですか。

和田　少ししか読めません。

단어

和田 ワダ	와다(일본인의 성)
語学教育院 ごがくきょういくいん	어학교육원
習う ならう	배우다
全然 ぜんぜん	전혀
話す はなす	말하다
少し すこし	조금(양, 정도)
～だけ	～만(조사)
～しか	～밖에(조사)
まだ	아직
聞き取る ききとる	청취하다
ハングル	한글
難しい むずかしい	어렵다
外国語 がいこくご	외국어
大変だ たいへんだ	큰일이다
分かる わかる	알다
聞く きく	묻다, 듣다
本当だ ほんとうだ	정말이다
うれしい	기쁘다
できる	할 수 있다, 완성되다
来られる こられる	올 수 있다
メールを打つ メールをうつ	메일을 쓰다
公園 こうえん	공원
ご飯 ごはん	밥
新しい あたらしい	새롭다
ビル	빌딩
セーター	스웨터
円 えん	엔(일본 화폐)
買う かう	사다
重い おもい	무겁다
持つ もつ	들다, 가지다
足 あし	발
痛い いたい	아프다

李 　そうですか。外国語を習うのは大変でしょうね。

　　　分からないのは、私に聞いてください。

和田　本当ですか。うれしいです。

　　　よろしくお願いします。

단어

歩く　あるく	걷다
名前　なまえ	이름
覚える　おぼえる	기억하다, 느끼다
タバコ	담배
止める　やめる	그만두다
教える　おしえる	가르치다

제13과　**韓国語が話せますか**。147

표현 익히기

1 可能形

Ⅰ류동사　　u　→　e+る

書く　　　書ける
行く　　　行ける
急ぐ　　　急げる
休む　　　休める
遊ぶ　　　遊べる
死ぬ　　　死ねる
作る　　　作れる
使う　　　使える
持つ　　　持てる
話す　　　話せる

Ⅱ류동사　　ru　→　rareru

食べる　　食べられる
見る　　　見られる

Ⅲ류동사

する　　　できる
来る　　　来られる(**こられる**)

2 名詞 + が + 可能形

日本語で手紙**を**書くことができます。
日本語で手紙**が**書けます。

日本語で手紙**を**書くことができません。
日本語で手紙**が**書けません。

日本語でメールが打てますか。
はい、少し打てます。
いいえ、打てません。

ゆうべ、よく寝られましたか。
はい、よく寝られました。
いいえ、ぜんぜん寝られませんでした。

> 팁 できる는 可能形뿐만 아니라 완성되다의 의미로도 사용한다.
>
> 家の前に公園ができました。 집 앞에 공원이 생겼습니다.
> ご飯ができました。 밥이 다 됐습니다.
> 新しいビルができました。 새로운 빌딩이 생겼습니다.
> セーターができました。 스웨터가 완성되었습니다.

3 でしょうね。겠지요.

추측을 나타내는 でしょう에 확인이나 다짐 등을 나타내는 종조사 ね가 결합하여 당연히 그러할 것이라는 확신이 강한 추측을 표현한다.

外国語を習うのは大変でしょうね。 외국어를 배우는 것은 큰일이겠죠.
(큰일이지요. 어렵겠지요 라는 추측)

 # 풀어 봅시다

 1. 보기와 같이 문장을 고치시오.

 보기
　一人で行くことができますか。
　⇒ 一人で行けます。

① これは100円で買うことができます。

　⇒ _____

② 重くて持つことができません。

　⇒ _____

③ 英語で話すことができます。

　⇒ _____

④ ここで写真を撮ることができますか。

　⇒ _____

⑤ 足が痛くて歩くことができません。

　⇒ _____

2. 보기와 같이 문장을 고치시오.

> 보기
> ピアノを弾くことができますか。
> ➲ はい、弾けます。
> 　　いいえ、弾けません。

1 日本人の名前を覚えることができますか。

　➲ はい、_____

　　いいえ、_____

2 タバコをやめることができますか。

　➲ はい、_____

　　いいえ、_____

3 日本語を教えることができますか。

　➲ はい、_____

　　いいえ、_____

4 漢字を書くことができますか。

　➲ はい、_____

　　いいえ、_____

5 韓国で日本の本を買うことができますか。

　➲ はい、_____

　　いいえ、_____

함께 연습해 봅시다

1. 자신이 할 수 있는 특기에 대해 말해 봅시다.

2. 자신이 할 수 없는 일에 대해 말해 봅시다.

第14課 何をもらいましたか。

聞いて読んでみましょう

先生 みなさんは誕生日に何をもらいましたか。
一人ずつ、教えてください。

学生A 友達に腕時計をもらいました。

学生B 私は母からスカートをもらいました。

学生C 先輩が私の好きな歌手のCDをくれました。

先生 そうですか。では、みなさんは何をあげましたか。

学生A 後輩に財布をあげました。

学生B 先生にコーヒーカップをさしあげました。

学生C 姉に人形を作ってあげました。

学生D 私は、だれからももらえませんでした。
そして、だれにもあげませんでした。

全員 …

단어

みなさん	여러분
誕生日 たんじょうび	생일
もらう	받다
ずつ	~씩
예) 一人ずつ	한명씩
教える おしえる	가르치다
腕時計 うでどけい	손목시계
母 はは	어머니
スカート	스커트(여성의 옷)
先輩 せんぱい	선배
歌手 かしゅ	가수
では	그러면
後輩 こうはい	후배
財布 さいふ	지갑
上げる あげる	주다
コーヒーカップ	커피컵
差し上げる さしあげる	드리다
姉 あね	누나, 언니
人形 にんぎょう	인형
だれからも	누구로부터도
だれにも	누구에게도
全員 ぜんいん	전원
帽子 ぼうし	모자
花 はな	꽃
ノート	노트
いただく	もらう(받다)의 겸양어
国 くに	나라
奨学金 しょうがくきん	장학금
荷物 にもつ	짐
持つ もつ	들다, 가지다.
兄 あに	형, 오빠
漫画 まんが	만화
買う かう	사다
俳優 はいゆう	배우

단어

サイン	싸인, 서명
或 ある	어떤
人 ひと	사람
道 みち	길
貸す かす	빌려 주다
運ぶ はこぶ	운반하다
申し訳 もうしわけ	변명, 해명
ストーブ	스토브
消す けす	끄다
プレゼント	선물
セーター	스웨터
彼女 かのじょ	그녀
編む あむ	짜다, 편물하다
木村 キムラ	기무라(일본인의 성)
病院 びょういん	병원
送る おくる	보내다
子供 こども	아이
時 とき	때
妹 いもうと	여동생
見せる みせる	보이다
恋人 こいびと	연인
手袋 てぶくろ	장갑
お金 おかね	돈
お土産 おみやげ	(여행에서의) 선물
弟 おとうと	남동생
借りる かりる	빌리다

第14과 **何をもらいましたか**。

표현 익히기

 물건을 주고받을 때 사용하는 표현

주는 사람 + は 받는 사람 + に 물건 + を **あげる**。

 (私は)後輩に財布をあげました。
 私は友達に帽子をあげました。
 先生に本をさしあげました。　　　　　　**さしあげる**：**あげる**의 겸양어

받는 사람 + は　주는 사람 + に/から 물건 + を **もらう**。

 私は友達に(から)花をもらいました。
 私は先生に(から)ノートをいただきました。　**いただく**：**もらう**의 겸양어
 私は母にスカートをもらいました。
 私は国から奨学金をもらいました。

 注) 주는 사람을 표현할 때 に / から를 사용한다. 단, 조직, 단체, 기관
   등인 경우에는 から를 사용한다.

단, <u>받는 사람의 입장</u>에서 주는 사람을 주어로 하여 그 행동을 표현할 때에는 다음과 같이 くれる를 사용한다.

 주는 사람 + は　받는 사람 + に　물건　+を **くれる**。
 友達は私に花をくれました。
 先生は私にノートをくださいました。　**くださる**：**くれる**의 존경어, **ます形**에 주의
 母は私にスカートをくれました。

2. 행동을 주고받을 때 사용하는 표현

행위자 + は (행위를)받는 사람 + に 행위표현 동사 + **て あげる**。

私は姉に人形を作ってあげました。
私は(先生に)先生の荷物を持ってさしあげました。
私は兄に漫画を買ってあげました。

(행위를)받는 사람 + は 행위자 + に/から 행위표현 동사 + **て もらう**。

私は好きな俳優にサインをしてもらいました。
私はある人に道を教えてもらいました。
私は先生に本を貸していただきました。

단, <u>행위를 받는 사람의 입장에서</u> 주는 사람을 주어로 하여 그 행동을 표현할 때에는 다음과 같이 くれる를 사용한다.

행위자 + は (행위를)받는 사람 + に 행위표현 동사 + **て くれる**。

(私が好きな)俳優は私にサインをしてくれました。
ある人は私に道を教えてくれました。
先生は私に本を貸してくださいました。

3. 정중한 의뢰 표현 : ~ 해 주겠습니까? / 주시겠습니까?

(타인의 행위 동사)て形 + くれませんか。/ くださいませんか。
(타인의 행위 동사)て形 + もらえませんか。/ いただけませんか。

　すみませんが、この荷物を運ん<u>でくれませんか</u>。
＝ すみませんが、この荷物を運ん<u>でもらえませんか</u>。

申し訳ございませんが、ストーブを消してくださいませんか。
= 申し訳ございませんが、ストーブを消していただけませんか。

くれませんか/くださいませんか보다 もらえませんか/いただけませんか가 좀 더 완곡한 표현이다.

풀어 봅시다

1. 보기와 같이 올바른 단어를 선택하시오.

보기
彼は私の誕生日に花を(<u>くれました</u>　あげました)。

① 母は私に本を(くれました・あげました)。

② 私は彼女からCDを(もらいました・あげました)。

③ 私は母の誕生日にプレゼントを(もらいました・あげました)。

④ 私は母にセーターを編んで(もらいました・くれました)。

⑤ 私は木村さんを病院まで送って(もらいました・あげました)。

⑥ 子供の時、母に本を読んで(もらいました。あげました)。

2. 보기와 같이 문장을 고치시오.

 보기

　例　私　妹　写真を見せた。
　➡ (私←妹)：　　妹は私に写真を見せてくれました。
　　てもらう形：　私は妹に写真を見せてもらいました。

❶ 私　恋人　手袋を編んだ。

　➡ (私←恋人)：＿＿＿＿＿＿＿＿＿＿＿＿＿＿＿
　　てもらう形：＿＿＿＿＿＿＿＿＿＿＿＿＿＿＿

❷ 私　兄　お金を貸した。

　➡ (私←兄)：＿＿＿＿＿＿＿＿＿＿＿＿＿＿＿
　　てもらう形：＿＿＿＿＿＿＿＿＿＿＿＿＿＿＿

❸ 私　後輩　日本のおみやげを買ってきた。

　➡ (私←後輩)：＿＿＿＿＿＿＿＿＿＿＿＿＿＿＿
　　てもらう形：＿＿＿＿＿＿＿＿＿＿＿＿＿＿＿

❹ 私　弟　学校の本を借りてきた。

　➡ (私←弟)：＿＿＿＿＿＿＿＿＿＿＿＿＿＿＿
　　てもらう形：＿＿＿＿＿＿＿＿＿＿＿＿＿＿＿

함께 연습해 봅시다

1. 물건을 주거나 받았을 때를 가정해 서로 말해 봅시다.

2. 다른 사람이 나에게 해준 행동을 '〜てもらいました。'로 표현해 봅시다.

MEMO

第15課 また、いらっしゃってください。

🎧 듣고 읽어 봅시다

(金さんの家の前で)

田中 あの、すみません。田中ですが。

金 あ、田中先生、お入りください。

(金さんの家で)

金 どうぞ、こちらへ。

(妻を指して) 妻です。

李 (妻の) 李です。田中先生のことは以前からうかがっています。

主人がいつもお世話になっております。

田中 いいえ、とんでもございません。

私こそ、金先生にたいへんお世話になりました。

金 いやいや、もうそんな話はやめてこちらにお座りください。

단어

田中 タナカ	다나카(일본인의 성)
入る はいる	들어오다
どうぞ	부디, 모쪼록
指す さす	가리키다
妻 つま	처
以前 いぜん	이전
うかがう	듣다
主人 しゅじん	남편
いつも	언제나
おる	있다
お世話になる おせわになる	폐를 끼치다. 신세지다
とんでもございません とんでもない	(천만에요)의 겸양 표현
こそ	~야말로(조사)
大変 たいへん	매우, 대단히
いやいや	아니아니
話 はなし	이야기
止める やめる	그만두다
座る すわる	앉다
送別会 そうべつかい	송별회
たくさん	많이
召し上がる めしあがる	드시다('먹다'의 존경어)
お別れ おわかれ	이별
招く まねく	초대하다
奥さん おくさん	부인
駅 えき	역
持つ もつ	가지다. (짐을) 들다
彼女 かのじょ	그녀
ご両親 ごりょうしん	(남의)부모님
社長 しゃちょう	사장(님)
方 かた	분(사람의 존경 표현)
スポーツ	스포츠

今日は、田中さんの送別会ですからたくさん召し上がってください。

田中　ありがとうございます。では、いただきます。

（お別れ）

田中　今日は、お招きいただきましてありがとうございました。

李　来週、日本へお帰りになりますよね。
また、韓国へいらっしゃってください。

田中　ありがとうございます。
奥さんも、ぜひ、ご一緒に日本へいらっしゃってください。

金　さあ、私が駅までお送りします。

단어

引き受ける　ひきうける　　받아들이다
誘う　さそう　　　　　　　권하다. 유혹하다

표현 익히기

 일본어의 대우표현

대우표현이란 직급이나 연령 등의 상하관계에 따라 존경어, 겸양어 등을 구분하여 표현하는 것을 말한다.

한국어와 마찬가지로 일본어는 대우표현이 매우 발달되어 있다. 단, 그 사용방법에 다소 차이가 있기 때문에 주의하여야 한다. 즉, 한국어는 연령이나 직급 등의 상하관계를 그 기준으로 하는 반면 일본어는 연령이나 직급은 물론 자기의 영역에 속한 것과 자신의 영역 밖에 속한 것을 구별하여 대우표현을 한다.

예를 들면, 한국어는 「사장님 계십니까?」라는 질문에 「네 계십니다.」라고 대답하지만 일본어는 「田中社長(さん/さま)は、いらっしゃいますか。」라는 질문에 「いいえ、田中/社長はおりません」이라고 대답하여 자신에게 속한 -외부의 고객에 대해 우리 회사의 사장님을 지칭- 경우 겸양 표현을 사용한다.

 존경어와 겸양어

	존경어	겸양어
いる 있다	いらっしゃる(いらっしゃいます)	おる
行く 가다	いらっしゃる・おいでになる	参る(まいる)・伺う(うかがう)
来る 오다	いらっしゃる	参る
する 하다	なさる(なさいます)	致す(いたす)
言う 말하다	おっしゃる(おっしゃいます)	申す(もうす)
食べる 먹다	召し上がる(めしあがる)	いただく
見る 보다, 읽다	ご覧になる(ごらんになる)	拝見する(はいけんする)
寝る 자다	お休みになる(おやすみになる)	休む(やすむ)
あげる 주다	———	差し上げる(さしあげる)

	존경어	겸양어
くれる 주다	下さる(くださいます)	———
もらう 받다	———	いただく
聞く 듣다.묻다	———	伺う(うかがう)
訪ねる 방문하다	———	伺う(うかがう) ・お邪魔する(おじゃまする)
会う 만나다	———	お目にかかる(おめにかかる)
死ぬ 죽다	お亡くなりになる	亡くなる(なくなる)
着る 입다	お召しになる(おめしになる)	
知っている 알고 있다	ご存じです(ご存じでいらっしゃいます)	存じる(存じている/おる)

3 일본어 대우 표현 방법

일본어 대우 표현 방법에는 존경/겸양 동사를 사용하는 방법과 존경/겸양 형식을 사용하는 방법 등이 있다. 기본적으로 존경/겸양 동사가 있는 경우에는 존경/겸양 동사를 사용하고 그렇지 않은 경우에는 존경/겸양 형식을 사용한다. 접두사나 접미사 등으로 존경/겸양을 표현하는 경우 등도 있지만 여기서는 본문에 나온 내용을 중심으로 소개한다.

❶ 존경 표현

존경어를 사용하는 방법
どこへ行きますか。
→どこへいらっしゃいますか。
コーヒーを飲みますか。
→コーヒーを召し上がりますか。

존경 형식을 사용하는 방법　お+ます形+になります
帰る → 帰ります → お帰りになります。
読む → 読みます → お読みになります。

❷ 겸양 표현

겸양어를 사용하는 방법

食べます。

　→ いただきます。

田中先生のことは以前から聞いています。

　→ 田中先生のことは以前からうかがっています。

겸양 형식을 사용하는 방법 お+ます形+します

送る → 送ります → お送りします。

持つ → 持ちます → お持ちします。

私が荷物を持ちます。

→ 私がお持ちします。

팁 보통 표현(반말체)

동사 / イ형용사: 사전형

私は行く。

これは、おいしいね。

명사 / ナ형용사: だ형

私は学生だ。

お前は元気だね。

풀어 봅시다

1. 보기와 같이 문장을 고치시오.

> 보기
> ビールを飲む。
> ➲ ビールをいただきます。

① 9時に行く。
➲ _____

② 私がする。
➲ _____

③ 手紙を見る。
➲ _____

④ 先生に本をあげる。
➲ _____

⑤ 彼女のご両親に会う。
➲ _____

2. 보기와 같이 문장을 고치시오.

 보기

ビールを飲む。
⇒ ビールを召し上がります。

① 9時に行く。

⇒ _____

② 先生がする。

⇒ _____

③ 社長が死ぬ。

⇒ _____

④ 先生が私に本をくれる。

⇒ _____

⑤ あの方を知っていますか。

⇒ _____

3. 보기와 같이 문장을 고치시오.

보기
昨日、何時に寝ましたか。
➲ 昨日、何時にお休みになりましたか。

❶ スポーツは何をしますか。

➲ _____

❷ 何を読みますか。

➲ _____

❸ いつ帰りますか。

➲ _____

❹ どこで彼と会いますか。

➲ _____

4. 보기와 같이 문장을 고치시오.

> 보기
> 私が読みます。
> ➲ 私がお読みします。

❶ (私が)教えます。

　➲ _____

❷ (私が)話します。

　➲ _____

❸ (私が)引き受けます。

　➲ _____

❹ (私が)誘います。

　➲ _____

함께 연습해 봅시다

'듣고 읽어 봅시다'의 본문을 겸양 표현, 존경 표현, 보통 표현으로 바꾸어 봅시다.

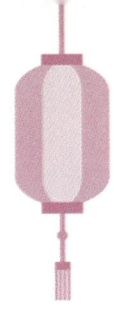

저자약력 Ⅱ

高 正 道
大阪大学 박사과정 수료(일본어문법, 사회언어학)
경북대학교 일어일문학과 교수

王 泰 雄
早稲田大学 박사과정 수료(일본근·현대문학), 문학박사
경북대학교 일어일문학과 교수

李 濬 燮
東京大学 박사과정 수료(表象文化論, 일본근세문학)
경북대학교 일어일문학과 교수

蔡 數 道
日本中央大学 박사과정 졸업(일본 정치사), 정치학 박사
경북대학교 일어일문학과 교수

李 慈 鎬
早稲田大学 박사과정 졸업(일본어학), 문학박사
경북대학교 일어일문학과 부교수

첫걸음 일본어 - 개정판 -

초판인쇄 2015년 08월 01일
초판발행 2015년 08월 10일

공저자   고정도, 왕태웅, 이준섭, 채수도, 이자호
발행인   윤석현
발행처   제이앤씨
책임편집 최인노·김선은·최현아
등록번호 제7-220호

ADDRESS ㉾ 132-881 서울시 도봉구 우이천로 353 성주빌딩 3층
TEL   (02)992-3253
FAX   (02)991-1285
E-MAIL jncbook@hanmail.net
URL   http://www.jncbook.co.kr

ⓒ 고정도, 왕태웅, 이준섭, 채수도, 이자호, 2015. Printed in KOREA.

ISBN 978-89-5668-182-5 13730
정 가 12,000원

* 이 책의 내용을 사전 허가 없이 전재하거나 복제할 경우 법적인 제재를 받게 됨을 알려드립니다.
** 잘못된 책은 구입하신 서점이나 본사에서 교환해 드립니다.